長江寺住職
萩原玄明

新装版

精神病が消えていく

続・精神病は病気ではない

ハート出版

挿画・萩原玄明

はじめに

平成十四年四月に、いつものこのハート出版から『精神病は病気ではない（平成四年五月初版）』の新装本を出版しましたところ、おかげさまで大変な反響をいただき、現在も日本全国から絶えることなく続々とご照会を頂戴しています。そうした皆さんからの反響を聞きながら、精神病とは一体何なのか、なぜ起きるのか、どうしたら治るのかといったことを、もっともっと皆さんに詳しくお話して、困惑と悲しみの中で苦難の手探りを続けておいでのご家族に、明るい未来の存在を少しでも確信して頂きたいという思いが日増しに強くなりました。

そこで、初版の『精神病は病気ではない』に続けて平成五年九月にやはり初版を出しました『精神病が消えて行く』についても、今回、あらためて新装本を出版することといたしました。それがこの本です。これは『精神病は病気ではない』の続編とも姉妹版ともいえるものですので、初版の時と同様に二つを続けて読まれるのもよし、また、気軽に手に取れる体裁にしましたこの『精神病が消えて行く』から始めるのもよし、とにかくセットでお読みいただければ、それだけ問題の本質が掴みやすいかと思われます。

初版からこの新装本の出版まで約十年たちましたが、その程度の僅かな年月の経過ですぐに中身が時代にそぐわなくなり加筆訂正しなければならなくなるようなものとは違います。ですから、内容はあえて初版のまま全く手を入れずにそのままにいたしました。

そのために取り上げられている事例などに少々年数が経っている場合があるかと思いますが、書かれている内容になんの影響もありませんのでどうぞお気になさらずにお読み下さいますように。

私が説いております根源のものは、人間の『魂《たましい》』のことです。従って頭脳で理論的に納得しようというつもりでお読みになりますと、いわゆる頭でわかって心でわかっていただけないという状態になり、結局精神病の本質がわからずじまいになってしまいます。

しかし、わからないでは済ましておけない問題のはずです。わからなければ、治るという嬉しい結果を見せてもらえぬままいたずらに年月が流れて行くということになります。

どうか、あまり理屈っぽい読み方をなさらず、つまり、肩肘《かたひじ》張った高い所でりきんでいるご自分を引き摺り下ろして、生まれたままの魂で素直に私の話に耳を傾けて下さい。

科学だ、理論だ、金だ、地位だ、力だと追い求めて来た暮らしの中にこそ、精神病の原因がはっきりと存在することがよくわかりましたので、それでこう申し上げております。

が、ここまで申し上げますと、「ああそれか。物ではなく心だという、今はやりの説法の類か」と、大変利発そうな結論をあっさり出して敬遠する人があります。しかし、そういう人はそれで結構なのです。ご家族の中の精神病をその人が治すご縁が今は無いだけです。いずれもっと自分自身が本当に苦しむことになり、そして、目に見えない世界では自分など全く無力であることをいやというほど知って、ようやく私がこう申していることの意味がおわかりになります。

それからでよろしいのです。中途半端に理解した気になっても、魂はその働きをまるで示してくれませんし、全身全霊でわからなければ死者たちへ真の愛の応答など少しもできないからです。

この本も、今本当に苦しみ抜いている方でないとおそらく理解はできないでしょう。読まれても私とのご縁は何故か不思議に結ばれないのです。ですから、決して無理に読むことをお勧めしたりはいたしません。

こんなことも、私のここ数年の精神病との取組みの中で、さまざまなご家族とおつき合いさせていただいているうちに、体験的に掴んだ結論の中の一つです。


毎年、元旦には日本全国で何百万人の人が初詣をします。そして「今年自分にとっていい年でありますように」と、カミにお願いをします。

「よくお参りに来た。よしよし、いいことばかりの年にしてやろう」と、そうカミが思って下さるような気がしますが、しかし現実は、初詣にでかけた何百万人の人々の中に、交通事故や倒産などの憂き目に遭ったりする人がたくさん出現することは申すまでもありません。しかし、これはカミが助けて下さらなかったわけではないのです。

カミは、もっと厳しいものです。人間が考えるはるか上の、高い高い所のものです。頼んだことを何でも優しく面倒見て下さるというような、そんな都合のいいものとは違います。カミは人間にむしろ苦しいつらい体験を下さるのです。そして「その体験の中で本当のものを掴めよ」と、おっしゃるのです。

これは、人生の中で本当に大きなものを得たことのある方なら、そこに至るまでの言うに言えない過酷な道程《みちのり》について自分でもよく覚えておいでのはずです。その過酷な道程こそがカミの大きな愛による体験でなくて何でしょうか。

精神病という現象は、ほかのどんな病気に比べても、この世における最も厳しいカミの「教え」です。

「助けて下さい」とお祈りすれば「そうか、では助けよう」とばかりにカミが治して下さるのではないかと思う、そんな所から一日も早く脱出して下さい。

拝んで祈って、それで治る病気とは絶対に違います。

一番大事なここに気づくことが、治るということへの確実な第一歩なのです。

確かにつらい毎日です。が、頑張って下さい。

精神病が治ったという夢のような結果を手にされた方々が、過去のある日に、目からウロコが落ちたように翻然《ほんぜん》と気がついたものを、あなたもこの本をキッカケにしてしっかり学んで下さい。

目次

新装版・精神病が消えていく

目次／7

はじめに／3

Ⅰ、精神病の根源にあるもの

一、わが子の姿から親が学ぶ／14

二、自分の偽善と欺瞞に気づかぬ大罪／20

三、何も彼も捨てた時にこそ／26

Ⅱ、死者の意識のメカニズム

一、迷っている死者とはどんな状態なのか／34

二、代わって果たしてほしいことがある／41
三、憑依を分析する／52

III、いい加減な教えと習慣

一、死後に後悔する間違った暮らし／62
二、正しい教え／72
三、姑息な因習／80
四、あれは構わぬそれはほっとけ／86
五、勝手気ままな体裁づくり／95

Ⅳ、死者の表現を受けとめる

一、愚かしいほどに不自由な表現／108
二、死者がする会話／116
三、子孫の肉体を使う死者／121
四、死者が教えて来ているもの／128
五、先祖が導く／134

Ⅴ、霊視とは何か

一、精一杯の伝達／142

二、見えるだけでは霊視と言わない／151
三、霊視から供養へ／157

VI、供養で学ぶ「治る」道

一、いつも供養のある暮らし／170
二、一段一段導かれて／180
三、見えるということの意義／186
四、大事なものの取り違え／192
五、御佛《カミ》の法則を知る／196

I

精神病の根源にあるもの

一、わが子の姿から親が学ぶ

●教育の問題ではない

誕生以来、片時も目を離さずに育ててきたわが子に、これはただごとではないという異常を発見した時の親御さんの驚きは並大抵のものではありません。

学校へ行くのを嫌がって部屋の中にとじこもったまま出てこない。

夜眠れないといって、昼間ウトウトしている。理由を追及してみると、夜になると部屋の中に誰かが入って来るようでとても怖いと訴える。

考えられないほどに食べたり、そうかと思うと心配になるほど何も食べない。

独り言をしきりにいう。一人で声を立てて笑う。ぶつぶつ何かに文句をいっている。

耳元でいつも誰かの声がする。それも、お前なんか死んでしまえとか、何の値打ちもないとか、とにかく、いやなことばかりが聞こえて来る。

言動の異常さについて親がちょっと注意をすると、今まで一度も見せたことのない実に恐ろしい顔をして怒り狂う。等々……

とても列挙しきれませんが、こうした症状をまず一番最初に示すことが多いようです。が、たまたま父親の勤務の関係とか本人の学校の事情とかで親子が別々に暮らしていたりしますと、親がわが子のこうした状況に気がつくまでについ時間がかかってしまい、若干進行した形になってしまっていることもあります。そんな時には、いきなり暴力を振るったり、大声を出して暴れ回ることもありますので、親にしてみれば天地が逆転したほどの衝撃となります。しかも、こうしたことが或る日突然にやって来るのですから、家族全員の生活も一挙にひっくり返ってしまい、一家が不幸のどん底へ急転直下するといっても過言ではないでしょう。

こうした現象の発生は、早くて中学生、最も多いのが高校生・大学生といった年齢の頃で、どういうわけか幼児なのにこうした症状を示すということはまずほとんどありません。不思議なもので、両親がまだ若くて給料も稼ぎも少なく生活に困窮しているような時には、子供さんに何ごとも起きませんが、ところが両親が一人前以上に成功して経済的にも恵まれて来ますと、まるでそのタイミングを待っていたかのように、大事な息子や娘に異変が起きます。ミドル・ティーン前後というのがちょうどそんな時期なのでしょう。

なぜだ、どうしてだと、両親は気が動転して文字通り地獄の苦しみにもがきます。この異変の原因は一体何なんだと必死に探してみたところでそんなことがわかるはずがありません。かといってこのまま放置しておくわけにはいかず、とにかく病院へということになるのですが、親というものはこんな時でもいろいろなことを考えるものです。

精神科へは直行したがらず、懇意なホームドクターにまず相談して、それからその医師の指示によっておそるおそる精神病院に向かったりします。精神病院へ行っても心の中では、医師の口からはっきり精神病という診断を下してほしくないと願っています。ノイローゼとか精神分裂だというような死刑の宣告に似たことをどうぞ言わないで下さい。せめて神経症とか神経衰弱とか先々に望みのつなげる診断であって下さい。こうした祈るような親の気持ちというものは本当に痛いほどよくわかります。

そうした願いにもかかわらず、もし重度の精神病と診断され、ただちに入院ということになったらどうしよう。親である自分たち夫婦の手でわが子を精神病院に入れてしまって、もしそのまま二度と出て来られないようになってしまったらどうなるんだ、いや、そんな可哀想なことが親としてできるものか。将来のある子供に今、無造作に精神病者のレッテルを張り付けてしまうなんてとてもできない。何かいい方法はないのだろうか。病院ばかりではなく何かもっといろいろ方法を考えたらどうなんだ……

右に左にとお悩みになります。

その結果、息子や娘の異常行動は、精神病と呼ばれているものとはひょっとして違うものであり、精神に大きな負荷がかかったための一種の錯乱状態なのではなかろうかと考えたくなって来ます。

そういえばうちの子は、小さい頃から内向的だったし、最近身を置いていたあの環境はあの子にとっては耐えることの限界を超えていたのかもしれない……などと、自分の子供に対する教育上の失敗ではないかと反省してみたりします。

こんなふうに考える親御さんは実は大変に多いのです。

子への愛のあらわれなのでしょうが、この場合、どんなに子の心理の深層を分析して見ても、解決の手掛かりは何一つ見つけることはできません。それなのにこの考えの延長線上で、精神が脆弱《きじゃく》だからこんなことになってしまったんだ、心を鍛えれば治るかもしれないと、無理やり座禅をさせたり滝に打たれさせたりする親がいます。見当違いも甚だしいといわなくてはなりません。そんなことでヒョイと治るようなものとは次元が違うものでなのです。自分の意識を奪われてしまっている気の毒な子に可哀想な無理を絶対にさせないで下さい。

精神病という現象は、その症状を示している子供自体に、何の原因も、理由も、責任も無いのです。

精神病は病気ではありません。死者の意識がその子の身体を借りて、親に対してものを言っているのです。子は魂を彼等に占領され、親へのアッピールの材料にその身体を使われてしまっています。そのことに親は早く気がついてやって下さい。

気がつかずにいろいろなことをさせては子供が可哀想というものです。

●遠い遠い回り道

もっとも、子供の心に原因があるのではないかと考えてしまうこうした観念思考型の親よりも、普通は、とにかくまず医者にと子供を病院へ連れて行く親がほとんどです。

私は、精神科の医師である友人も大勢いますし、診療の実際についても彼らからざっくばらんな苦労話をよく聞かされていますので、たった今申しましたように精神病を死者の意識の作用とする立場だからといって、やみくもに自説の対局に立つ医学を否定したり、誹謗したり敵視したりする気はありません。

しかし、私の所へご相談においでになる方々の正直な述懐《じゅつかい》をうかがってみますと、口を揃えておっしゃるのが、まず、薬に対する不安です。

たしかに、大声を出したり暴れたりすることは確実に抑えられるようなのですが、どこかだらりとしてしまって、ロレツが回らなくなるみたいに喋り方が少し変になる、そして妙にむくんだような顔付きになる、あれは間違いなく薬の副作用に違いありませんとおっしゃいます。

いや、私もそうだと思います。

願わくはそれだけ強い薬を服用するのですから、それによって快方に向かってほしいのですが、まことに残念ながら症状は抑えられても、治るという効果は望めないようです。それに、本人の薬を嫌がるあの表情を見るだけでもつらいと、お母さんがよく溜め息まじりにおっしゃいます。

退院して薬を怠けると症状がぶり返し、また入院して薬で抑える。つまり、入退院を繰り返すというのは、結局、症状と薬のシーソーゲームみたいなもので、いつそれが終わるものやら全く先が見えて来ないのですから息がつまる思いです。

そこまでの苦しいつらい体験をさせられた親御さんが、もっと何か決定的に利く手立てはないものだろうかと、あせりにも似た気持ちで歩き始めるのが、決まって霊能とか宗教とかいうような分野の場所です。

そうした分野と無縁ではない私ですのではっきり申し上げたいのですが、現在、全国で本当に正しい活動をしているといえる霊能者・宗教者はおそらく十%にも満たないのではないかと思います。いや、ほんのひと握りかもしれません。ほとんどが今妙なブームになっているゲーム感覚の心霊知識を材料に使ったきわめて悪質な「商売」です。

精神病と診断された本人が何をしてもそれは無意味で効果が無く、病院の科学的な治療を受けても治らないとなったら、親が藁をも摑む気持ちで残されたこの方向に向かい始めるのも当然なのですが、しかし、死者との接触や交流などというものに経験があるわけでなし、なにしろ全く目で見ることのできない世界のことですから、何を信じ何を疑ってよいか親御さんには皆目見当がつきません。

それに、どういうわけなのでしょうか、せっかく霊の世界に関心を向けたというのに、今、子供に強烈な意識を送って来ている死者たちは「それならば」と、すぐに親たちと交流を開始しようとはして下さらないのです。これだけ強い作用を送って来ておきながら、ただちに自分たちとの接点を作らず、さんざん遠回りをさせるようにあちらこちらとロクでもないところを引き回します。

「地上に生きている人間ばかりが人間ではないことをよく勉強して来なさい。今まで何十年も私たちを放っておいて、さあ、すぐに私たちと話がしたいと言ったってそうはいかない。少し勉強して来てそれからでなくては駄目だ。いろいろ回って歩いて、同じ霊能者でも偽ものと本ものがあることぐらい自分で見分けるようになりなさい」

まるでそう言っているように、とんでもない所を歩き回らされてしまいます。商売目的のインチキな所を頼って行って、経済的・物質的にひどいめに遭うとか、または、なんにもならないことにただ時間を費やしてしまうとか、なんとも空しい体験をいくつもさせられます。

死者との交流が自在であるようにみせかける悪徳「商人」のことを、ついでにもう少し述べさせていただきますが、彼等は「治る」などという結果は当初から全く考えてもおりません。自分たちは本当は霊能者でも宗教者でもないのですから、自分たちが祈ったり拝んだりしたところで何かが起こるわけがないとクールに承知しています。ですから、腰を落ち着けて金品を詐取し続けます。万一、治るなどということがあったら、それで商売が終わってしまうのですから、治らない方が彼等には都合がいいのです。

しかし、こういう悪人の方が、実は大変困ったことに、本当の宗教者よりずっと始末がいいという話を、私はこれから皆さんにしなければなりません。

インチキな悪人は、この人間社会の法律で罰することもできますし、避けることも可能です。

それに何より、だまされたほうが悪いと諦めることで一切を忘れ去ってしまうこともできます。ところが、本当のゆゆしき問題というのは、普通のどこにでもいるたとえば佛教の僧侶のような宗教者が、毎日当たり前のように繰り返している宗教行事の中にあるのです。そしてこのことが、今、精神病などで多くの人々が苦しんでいることの最大の原因を結局は作り出してしまっているのですから大変です。ここのところを避けては、精神病からの脱出は不可能といえるほど私には大事なことに思えてなりません。

私自身が僧侶ですので、もっぱら佛教に的をしぼって遠慮なく何がどうおかしいかをはっきり申し述べてまいりたいと思います。

二、自分の偽善と欺瞞に気づかぬ大罪

●死者の意識が作用して

ご子息や娘さんの精神病をきっかけとして、私の寺で目の開かれるような体験をなさり、ようやくご先祖のお一人お一人を心からしのぶという、そういう暮らしを開始することになった幾組ものご家族が、毎日毎日、私の寺において次々に「供養」をしていらっしゃいます。

私の寺で「供養」と簡単な名をつけておりますこの行事は、私の話を聞いたり「霊視」という不思議な体験をしたりした後に行き着く最も大切なものです。この「供養」をするために

「霊視」もするのですし、また、いろいろお話を申し上げたりするのもみんなこの供養に早く到達していただきたいからやっていることなのです。つまり、供養こそが私の寺の主眼でもあり目的でもあるわけで、ご縁のできたすべての方々にどうしてもしていただきたいし、していただかなくてはなりません。

と申しますのは、私のこの「供養」によって、浮かばれていない死者が自分の死を納得して確実に成佛して下さるからです。死者は子孫の肉体から意識を離し、自らの帰るべき所、すなわち浄土へと帰って行きます。

そして、二度と戻って来ません。

一方、憑依を解かれた肉体は、もとのその肉体の持ち主の魂だけで再び満たされ、精神病は確実に治癒に向かいます。

もっとも、治るといっても奇術のように一瞬にケロリと元通りになったりはしません。それほど死者の意識がしていることは生易しいものではないのです。

精神病の難しさの第一は、憑依している死者が決して単数ではないということにあります。大変な数です。つまり、一人や二人などというシンプルな憑依とは憑依が違います。従って、供養も一人や二人の死者の供養で簡単に済むことは絶対にありません。

このことについては後の章で詳しくお話できると思いますが、どんなに大変なことであっても、供養しないかぎり解決はありません。が、供養して行くしかこの世の人間にできることはありません。供養を重ねて行けば必ず結果をいただけるのです。

今まで長い間忘れ果てていた大切な死者に気づいて、それこそ何十年の歳月を経てようやく今になって供養ができた……そんな時の何か言いようのない嬉しさ、安堵感といったものは、実際に体験してみないとなかなか理解できるものではありません。

あるご夫婦は供養の帰途、精神病院に立ち寄ってそこの鉄格子のある部屋に息子さんを訪ねました。いつもなら暴れて大声を出しているか、薬でぐったりしているかの息子さんが、どうしたわけかその日に限って以前の健康であった時のような目をしているのだそうです。嬉しくなって両親は以前と同じように話しかけてみました。そんなこと本当に何年ぶりのことでしょう。すると息子さんがこんなことを言ったのです。

「今日はご苦労さんだったね、嬉しかったよ。これからもよろしく……」

ご両親は、ご先祖の声を息子の口から聞いたような気がして、しばらくの間涙がどんどん出て来て止まらなかったそうです。


話が少し寄り道をしたかもしれませんが、今ここで私が申し上げたいことは、このように供養というものによって、精神病つまり死者の憑依・死者の意識の作用が明らかに消えて行くということです。

更に、このことは、供養によって間違いなく死者が一人一人と成佛して行ったことを明らかに示しています。

供養によって「治る」という結果を見せられると、それだけで感激したり有頂天になったりしてつい見失いがちになってしまいますが、私の供養によって成佛してもう二度とこの地上に戻って来ない死者が、供養をする前は確かに「いた」という事実を、あらためてここで真剣に考えていただきたいと思います。つまり、その死者たちは供養されるまでは成佛できないままこの世に意識を送り続けていたという事実をです。

こうした事実を毎日まのあたりにしていますと、どうしてこんなにたくさんの成佛していない死者たちがこの地上をさまよっているのだろうと、口惜しいほどの思いで一杯になってしまうのです。

●拝めばいいのか

佛教国日本では、人間が死ぬと必ず葬式をします。葬式には必ず僧侶の姿があります。僧侶の姿があれば読経の声もします。厳かな葬儀のセレモニィもあります。位牌もあれば数珠も線香もあります。なのに、どうして成佛していない死者がこんなにたくさんいるのでしょうか。

僧侶は葬儀の席上、本山や師から習得した通りに死者に向かって引導を渡します。
「死んだ以上はちゃんとあの世へ迷わず行きなさい」というのが引導の主旨です。

この引導の作法によって、自分の死を自覚し納得して成佛しているはずの死者がさっぱり成佛していないということを、私はこのままどうしても見過ごしていられないのです。

もちろん肉体の消滅した死者のすべてが成佛していないわけではありません。死後ただちに見事に自分の死をさとって、地上に思いを残すことなく帰って行く人もたくさんおいでですが、今、ここで問題にしているのは、引導やもろもろの佛教作法でちゃんと成佛しているはずの死者がなぜ残ってしまっているのかということです。もっとはっきり申すならば、僧侶が厳かに執行する諸作法に、死者を成佛させる作用が実は全く無いのではないかということです。

僧侶はこれまでにも、何十、何百という葬式で同じような作法を何の疑問も抱かずにやって来たはずです。葬式だけではありません。毎日毎日佛像や位牌に向かっても同様にお勤めをして来ているはずです。それも、なんとも困ったことに決していい加減な気持ちではなく、自分なりに真面目に学んだ通りにやって来たはずです。

それなのに、どうして霊障と呼ばれる現象が死者たちからこの世のものにもたらされて来るのですか。

私が霊視をすると直ちに反応して来て姿を見せ、供養するとやっと成佛してくれる死者が、現実にどうしてあんなにたくさんいるのですか。

僧侶によって引導を渡され、それからもしかるべき法事を重ねられて来ているのに、それなのにちっとも成佛なんかしていなかったというこの事実は一体どうしてなのですか。

そう思うと、葬式にお坊さんの姿があればそれだけで形が整い、お坊さんが拝めばそれで死者が成佛するという、見た目だけのものを常識として長い間見過ごして来た習慣の、とてつもない甘さに腹が立ってまいります。

そして更に、そうした常識に平気で乗って、何の力もない作法をただ「演じて」来た者たちの罪の深さに震えます。

作法が厳かであればあるほど、行事が大掛かりであればあるほど、僧侶の衣服や佛具が立派であればあるほど、それはまるでショウのような架空の作りものに見えて来てなりません。

死者一人を成佛させ得たかどうかさえ確認するすべもないのに、堂々とたくさんの人の前で読経をしたり護摩を焚いたりする行為を、自分でどう納得しているのか私には見当もつきません。人間だけではなく、カミの前でも形だけを演じてみせて「それでいいのだ、そういうものにすぎないのだ」と、うそぶいているように私には見えてなりません。

商売繁昌・病気平癒・学業成就・交通安全などという人間の自己中心的な願いごとを、自分の祈りによって本当に御佛に達することができると思っているはずはないのに、なんの疑いも自分で持たずに人々に代わって現世で都合のいい願いを御佛に頼み込み、御佛がそれを承知して下さったと平気で勝手に思い込んで、その証書ということで御佛に代わってお札などを人々に渡しています。

確かに、御佛も死者も目で見ることのできない世界のものですから、具体的にこうした行為に対して何のお叱りも来ません。そのために、いつの間にか「こういうことで別にかまわないのだ。人々もこうすると喜んでくれるし……」と、自分に都合よく思うことにしてしまったのでしょう。

こうしたことは何も昨日今日のことではなく、何世紀も前からのことのようですので、お釈迦さまの佛教も長い間人間の手でいじり回されているうちに、とんでもないものに姿を変えてしまったもののようです。調伏とか呪詛とか、正しいのは自分だけで他の敵対する連中のことは御佛に頼んで殺してもらおうという、まことに不届きなそして不思議なことが堂々と罷り通った時代も随分長く続きました。

これを思えば「格好だけもっともらしくしていれば、本当に成佛しているかどうかなんてことはそんなに深く考えなくてもいいではないか。我々は拝んで見せて佛事のたたずまいを作るのが商売なんだから」と言うお坊さんがいたとしても驚くことはないのかもしれません。

が、しかし、こうした形だけの僧侶が当たり前のように存在しているように、一般のいわゆる俗人の間にも、いつの間にか形だけが重要なものとして一人歩きしてしまったのです。つまり、間違ったものを間違ってないと信じさせられたまま今日になってしまったことが、問題をわかりにくくしてしまっています。

「うちはちゃんとやっているから」

「間違っていないはずだ。お坊さんの言う通りにして来ているんだから」

「よく佛様にお願いしているから大丈夫」

こうした言葉をよく耳にしますし、一見、信心深そうにも聞こえます。

ところが、このお宅は、間違ったことを間違っていないと信じさせられてしまった典型的な姿なのです。形や体裁だけでちゃんとやっていても、それでは実は少しも「ちゃんとやって」いることにはなりませんし、「お坊さんの言う」ことは、無責任に昔の僧侶が適当に口にしただけの、あの世の裏付けなど全く無い単なる気休めでしかありません。

更に、カミも死者も「よくお願い」する相手では絶対にないのですからなんとも困ります。現に、うちは信心深いからと胸を張ったお宅にも、いや、そういうお宅だったからこそなのですが、精神病という死者からの通信が容赦なく届けられたという事例はいやというほどありま す。それだからこそ私は今、くどいほどに形式だけの佛教の欺瞞性について述べたいのです。

三、何も彼も捨てた時にこそ

●宗教は学問ではない

時折、私のもとへ佛教各派の僧たちの研修会から講演の依頼がまいります。なぜこの私にと不思議に思って問い合わせてみますと、言葉や表現にいろいろ違いはありますが早い話が「あなたは死者を本当に成佛させることができる珍しい力を持っている人であると耳にした。我々の集りで、ぜひその成佛法を教えていただきたい」というのがお招きの趣旨である場合がほとんどです。死者がどうも成佛していないようであると率直に実感されて、それならばどうしたらよいのかと模索されておいでの様子です。

「佛教や経典などを長年勉強して来て、厳しい戒律も守り、そして作法も習得したままに厳密に行っているのに、どうして自分たちでは成佛させることができないのだろう。何か足りない所があるのではなかろうか。だったら、今、成佛させることで精神病を治していると聞く人から、その方法を伝授してもらおうではないか」

自分たちはひょっとしたら形式だけを重んじて来てしまって、もっと他の大事な何かの欠如に気づいていないのではないかという謙虚なお気持から、私ごとき者に教えを請おうとなさっているのですから正直いって恐縮いたします。

ですからそういうお申し越しには喜んで応じたいと思うのですが、ところがどう考えてもご期待に添えないのです。

私が毎晩、死者たちからの映像的な通信を受けて浮かばれていない死者を発見し、更に、その死者を供養によってこの世での迷いから解き放ち、精神病の症状にまで明らかな結果をいただいているのは、私が特殊な修行をしたからでも独特な術を知っているからでもありません。ですから、ハゥツゥ式に「こうすればよろしい」とお教えできるものは一つも無いのです。勉強していただくべき作法もお経も何もないのです。

しかし、しいて説明するとするならばこんな抽象的な言い方になるのかもしれません。

霊界との交流というものは、この地上世界を超越したもののご意思によってすべてが導かれているという、いわば天地大自然の法則に一切を委ねるところから生まれるものであり、この私が自分の愚かな人生体験の中から人間の小ささというものを痛いほどに知ったその時、衝撃的に身体の中に誕生して、以後絶えること無く作動している一種独特な力みたいなものによる……とでも申しましょうか。

もう少し詳しく申せば、すべての理屈からはもちろんのこと、形とか作法とかいうものへのこだわりからも離れて、わが身を天地大自然の中に投げ出した時に初めて霊的な真理、すなわち大宇宙の法則の厳然たる存在に私は気がついたのです。

大事なものとおもっていた佛像も経文も佛具も作法も、全部捨てました。人間性を無視した無理な「行」も、いつの時代にどんな僧体をした人間が何のために作りあげたものか不明の戒律というものからも一気に自分を解放して、大宇宙の中の小さな小さな一つの魂としての自分を見つめなおしたその日からのことです。

それからは、佛典解釈だとか宗派の歴史などということは、それは学者が勉強することであって真の宗教者がすることではないとはっきりわかりました。

私は、自分の魂がこの世で作用する「心」によって、目に見えぬ世界にも生きている死者の魂と一体になって交流すべきと確信しています。

学問や勉強とは全然違う次元のことなのです。そんなものは邪魔であっても、なんの足しにもなりません。やたらに身体を痛めつけるようなことからも何一つ学べません。今の佛教におけるそうした学問や肉体行の中には、それをすることによって一段上に上がって物質的に恵まれようという、あってはならない逆向きの欲望だけが含まれているとさえ言えます。

何も彼も全部捨てるのです。

全部捨てれば、誰でも純粋な魂の核である「心」を確実に自分の中に発見できるはずです。

霊的な体験も無理無く知ることができるはずです。もし、何も捨てることができなければ、やはり宗教ショウを進行するという一種の職業人のままでいるしかありません。

●ヒョイと治る奇跡は無い

お坊さんがこうなら、霊能者と称する怪しげな人たちもそうです。興味をそそる自己宣伝のパフォーマンスばかりに明け暮れていて、世のため人のための自己犠牲などはかけらもありません。自分の収入の増加のためにショウ化の傾向が年々エスカレートして行ってとどまる所を知りませんが、本来、地球上には説明のつかない不可思議な超常現象がいろいろあるものです。

地球自体がすべてを解明できないほどの不思議なものなのですから、不思議な現象がいくらあっても当たり前だと思います。が、そうした超常現象と、死者たちが示す心霊現象というものとは、全く別のものであることをよく知っておいていただきたいと思います。

私の寺で、憑依した死者の霊が、時々その場に居合わせた人々をびっくりさせようとして「私は誰々である」などと偉い人の名や有名タレントの名を名のってみせることがあります。死者の強い自己主張の変形パターンの一つですが、哀れなことにこうしたくだらないことまでする死者がなぜか相当多く存在します。

こんな霊が、自分で力のある霊能者のつもりでいる人によく憑依しています。自分は何々のカミであると名乗ったりする場合などは、典型的な憑依現象といえるでしょう。このことにあとで気がついて「なぁんだ、そうだったのか」と思わず苦笑してしまうことがよくあります。

こうした場合の憑依霊は、人々から驚嘆のまなざしを浴びたくて仕様がないものですから、不思議なことをいろいろ見せてびっくりさせてくれます。そして自分も得意気になって喜んだりしています。

が、所詮そこまでのことで、人の苦しみを救うとか、生きざまを叱って天地の法則を教えるとか、そういうカミがなさるような正しい立派なことを、そんな死者が真似できるわけがありません。

さて、それなのに……なのです。

子供の精神病に苦しむあまり、どうしても治してもらいたいという気持ちが先走って、こうした霊能者のもとへも一心に通って、いつ治るだろうかと必死ですがります。そうしている間はこの霊能者と全く同じレベルにいるわけで、何か摩訶不思議な現象が起こってヒョイと治ってくれるかもしれないと大金を捧げて待ち続けます。

そしてそこで奇跡が起きないとなると、また別の霊能者へ……というように果てしなく振り回されて、ただただ無為の月日が流れて行くのです。

いかに無知の仕業とはいえまことに哀れな親の姿ではあります。見ているだけでも胸が詰まります。

もう一度ここでしっかり申し上げておきます。

精神病を治すには、心の世界で非常に高度な境地が要求されます。

その境地は供養によってのみ作られます。

そんなに難しいのならと尻込みなさいますか。尻込みできないぎりぎりの苦しみを今体験させられているならば、死者にたむけるべき心がわかるはずですから絶対にできます。

供養をして行くという新しい生活への入り口が、治るだろうか治らないだろうかという、そんなレベルのものであっても少しも構いません。そこから出発していつかは間違いなく本当のものを掴み取るゴールに到達します。その頃には、息子さんや娘さんの精神病は確実に治っています。そんなことは当たり前のことであって、不思議でもなんでもありません。解決は手の届くところに見えています。

治してもらうのではなくて、親が治すのです。治せるのです。

誰かの力でヒョイと治るという類いの奇跡は絶対に存在しないということを、まず知っていただきたいと思います。

II

死者の意識のメカニズム

一、迷っている死者とはどんな状態なのか

●暗く重く悲しく

成佛していない死者がこの世の者を頼って何かを訴えて来るその時に、どうやら事故・病気・生活上の不運といった「いやなこと」が起きてしまうらしいと、この関連については体験的に大抵の方が承知していらっしゃるようです。

しかし、その次に必ず呟くのが「どうしてこんなひどいことをするんだろう。先祖なら子孫を守ってくれて当然ではなかろうか。子孫をこんなに苦しめることはないじゃないか」という言葉です。

不思議なことに、精神病という形で或る家の夫婦に自分の苦しみをわかってもらおうとすると、死者は必ずその夫婦に衝撃を与えるのに最も効果的な子をターゲット（標的）にします。一人っ子なら当然その子ですし、末っ子を大変に可愛がっていればその末っ子を使います。

しかし、全部が全部そうだとは申しませんが、確率から言って一番上の子、つまり、長男であるとか長女であるとか、その家で昔風にいえば跡継ぎの位置にある子が精神病になることがなぜか多いように思います。

先日お見えになったご夫婦のお話を伺うと、三男の方が精神を冒されているということですので、珍しい例だなと思いまして気軽にこう尋ねました。

「ご長男や次男の方はお元気なんですか？」

すると、こんなお答えが返って来たのです。

「いいえ、実は長男・次男と数年前に続けて交通事故で亡くしておりまして……」

私は次の言葉がすぐには出てまいりませんでした。

男の子を上から順に二人亡くして、今、次の三番目の子が精神病になってしまっているのです。衝撃を受けるほどにお気の毒に思いましたが、しかし、どうして今まで私とご縁が結ばれなかったのだろうと、残念を通り越して悔しい気持が溢れて来ました。

このご夫婦にもっと早くお目にかかっていたならば、ご長男の時は間に合わなかったとしても、次男の事故はひょっとして防げたのではないだろうか。死者たちが「これでもお前たちはまだわからないのか」と言わんばかりに三男の精神に作用して来る以前に、もっともっと手が打てたのではなかろうかという悔しさです。

それにしても、どうして今まで耐えていたのですか。二人も息子を事故で失って、その悲しみを一体胸の中でどう抑えて今日まで生きてきたのですか。戦前の教育を受けた者は何でも我慢してしまう癖がありますが、しかし、こんなことを我慢してどうするのです。もし我慢が人間の修行というのならそんな修行など絶対にするべきではありません。

このご夫婦は、ようやく私の寺で、こんなことまでして来たご先祖が誰方と誰方なのかを見つけようと、生まれて初めて、自分たちの親を生んで育ててくれた人、つまり祖父母や、そのまた兄弟たちというものに目を向けることになりました。いい年になる今日まで、死んでしまった昔の人は完全に消えて無くなってしまっていると思っていたので、そんな人たちのことを生きて行く大変な毎日の中で考えて何になるかと、ただの一回だって頭に浮かべずに暮らして来てしまったのです。

しかし、このご夫婦は、これだけのひどいめに遭って、生きているうちに大事なことを悟ることになったのだから幸せです。この一家にこれだけのことをして来た死者たちというのは、生きていた時にこの子孫と同じような暮らし方・生き方をしてしまった人ばかりです。そのために、死んだ後にそれを反省し後悔して苦しみもがき、子孫である夫婦にその苦しみを伝えて「われわれと同じ間違いをするなよ」と教えて来たのが、一連の不幸な出来事であることに気がつかなくてはなりません。


霊障という言葉がありますように、死者の霊がすることはみんなこの世の者にとってはつらい悲しい苦しいという形になって現れます。そのために、死者からの訴え・連絡・通信のすべては、「障《さわ》り」すなわち「障害」「いやなこと」「おそろしいこと」であるとしていますが、それは、楽しくて儲かって遊んでいられることを幸せとしている人間の勝手すぎるほどの見方であって、死者が今おかれている現状を知ったらきびしくて当然の現象であることがよくわかるはずです。

成佛することができずにいる死者は、まだこの世に生きているように勘違いしているのですが、それほどにこの世のことで思い悩んでいます。あの世で明るく笑っていられる状況ならその死者はとっくに成佛しています。成佛していないからこそこの世の者に何かを言ってくるわけで、その意識というものは暗く重く悲しく苦しい状態です。その意識でこの世の人間に憑依して来るのですから、意識の表現が暗く重く悲しく苦しいものになるのも当然というものです。

前の章でも書きましたように、宗教者や霊能者がなんとも無責任に、こうした霊障、すなわち苦しみからすぐに人間が逃れられる術を心得ているようなことを言って人々を呼び集めます。人々もまた助かろう逃げようと思って出かけて行きます。

彼らの論理は「この世の人間だけが偉い存在であり、何ものからもつらい苦しいめに遭わされるようなことがあってはならない、もし遭わせるものがあったらそれは敵である、退治するか払って去らせるしかない」とするものです。

随分自分中心の考え方ではないでしょうか。死者は加害者であり、人間は被害者と考えるだけで、相手の死者は一体どうしてこんなことをするのだろうと、ちょっと思いやってみることさえもしません。

ところが、こんな発想で人間が何をしようが、どんな術を使って立ち向かおうが、死者には全く通じて行かないということを知って下さい。

●後悔の重圧に苦しんで

一体死者はどんなことを思い悩み、後悔に苦しんでいるのでしょうか。

私の霊視の中に死者たちが登場して来て、さまざまな思いをさまざまな形で訴えて来ますので、彼等が「生きていたあの時に自分はこうすべきだったのだ」と、反省や後悔をしていることがどんなものであり、どれほどそのことでいまだに苦しんでいるか私には痛いほどよくわかります。ですから私は死者に向かって、

「そんなことをどうしてこんなにも長い間思い悩んでいたのですか。もうあなたは死んでしまってこの世にはいないのですよ。だから、そんなこと忘れてしまって早く帰るべき所へお帰り下さい」

と、思わず申し上げてしまうことが多いのです。死んでも死ねないというのはこんなことを言うのではないでしょうか。本当に哀れというべき姿です。

そんな死者たちに「先祖なら子孫を助けてくれてもいいんじゃないか」とか「先祖なら子孫に貧乏などさせないで、金儲けの奇跡でも起こしてくれればいいのに」などと、勝手なことを言っては死者たちが可哀想すぎます。

「どうしてお前たちはそんなことばかり言うのだ。私の頼みを聞いてくれたっていいじゃないか」

ご先祖の方ではそう嘆いているに違いありません。

これを思うと、先祖の死者が子孫に何かしてくれるというものではなくて、子孫が先祖に何かして上げなければいけないものだということを改めて考えさせられます。

霊視のことが少し出ました。これも詳細は後に譲るとして、霊視の中で死者がしきりに後悔していたことの例の一、二を、ここで取り上げてみたいと存じます。その例から、地上に残っている死者の、想像を超える苦しさを思いやってあげて下さい。


兄が家督を継ぎ嫁をもらって立派にやって行けるようになったのに、自分はどうだ、兄嫁から小遣いをもらって、ただ一日中働いているだけだ。こうした不満から、昔、家出してしまった人がありました。

年を取った両親があったのですが、兄がいればそれでいいのだろう、自分などどこで野垂れ死にしても親はなんとも思いやしないと、中っ腹で都会へ出たまま故郷の実家には音信不通のまま暮らしました。

そして何十年も時が流れました。時々は親のことを思い出すこともありましたが、その度に悔しかったことだけを思い浮かべることにして、むしろそんな思いを心の支えにして絶対に故郷へは帰らずに頑張りました。

仕事にも成功し家族もできましたが、やはり人間です。もうすでにこの世を去ったであろう父や母のことだけは時々ふと思い出したこともありました。

こんな人が死にました。

死んだ途端に、幼かった頃自分に注がれた父の、そして母の、どうしようもなく大きな愛が吹き出すように思い出されてしまうのです。その両親に自分は何一つ恩返しもせず、恨む心だけで一生を終えてしまった。家出した自分のことをどんなに心配しただろう。母親などは何日も眠れずに泣き明かしていたかもしれない。せめて一度顔を見せに戻って詫びる言葉の一つもかけてやりたかった。なんと申し訳ない暮らしをしてしまったものだ。

これがこの死者の、死後直ちに魂の中に吹き出した激しい後悔の思いでした。

生きてこの世にある時にこの後悔・反省があったなら、この人は直ちに故郷へとんで帰れたでしょうが、なんとも無念なことに、死んで肉体を失っているために全く行動ができません。自分の死に気づいていればいいのですが、この世に残した思いがあることでこの人はまだ自分が生きているような気がしています。

「生きているなら、すぐにも故郷へ帰って両親の墓前で過去を詫びるということもできるはずなのに、変だ、自分は何もできない。どうしたら故郷へ帰れるのか交通手段までわからない、故郷の村の名前さえわからない、身体も動かない。どうしよう。自分は故郷へ戻りたいとこんなに思っているのになぜ何もできないのだ」

こうした物凄いストレスのかたまりみたいなものの中で、いらいらしながら繰り返し繰り返し「なぜだ、どうしてなんだ」と、もがいています。

成佛していないということは、こういう状態なのです。


もう一つは、一生の間ついに口を割らなかったことがあったために、その重みに耐えかねて死後苦しんでいた死者の例です。

若い頃にこの人は、兄弟以上に親しくしていた友人と一緒に、ひょんなことから重い罪を犯してしまったのです。ところが、友人は逮捕され刑務所に入れられてしまったのに、自分は嘘をつき通してなんとか警察の手を逃れて大陸に渡りました。びくびく暮らしながら何ごともなく月日がたった或る日のこと、友人が自分のことを伏せておいてくれたまま刑務所の中で病死してしまったことを耳にしました。

自分だけが娑婆でのうのうとしていたことがなんとも友人に申し訳なくて、いっそのこと今からでも自首して出ようかとも考えましたが、自分にはその時すでに家族ができていたためにそんな勇気も出ず、そのまま一生の間家族にも誰にも犯罪のことを漏らさずに生きてしまったのですが、さあ、死んでみて苦しくてたまりません。

霊視の中で、何か必死に犯罪の状況を示すのです。自分はこんなことをしたんだと、一生懸命告白します。告白しなければ友人に申し訳が立たないとばかりに、自虐《じぎゃく》的なほどに自分は悪い男だという表現をします。この死者にとって、このことは他人にはとても理解できないほどの重圧だったのでしょう。黙っていてはいけない、告白しなければという思いただ一つのために彼は成佛できずにいたのでした。

この例とそっくりなのが、不倫の妻です。不倫が終わった後、一生秘密にして夫に尽くして来ましたが、それでも夫に対する罪悪感が消えないでいたことを、死んでから自分で知って自分で苦しみ始めます。苦しんだところで解決は絶対に不可能ですから終わるということがありません。何をしても駄目なのです。そして、子孫の優しい供養が無い限りはいつまでも強烈なストレスとして彼女をさいなみ続けるのです。

この世の縁者に助けを求めて来て、霊障だなどと嫌われる死者たちはみんなこうした状況下にあるわけで、これでは暗い・重い・悲しい・つらい・苦しい意識だけしか送れないのも当然のことと言わなくてはなりません。

自業自得といえばそれまでですが、どうぞ彼らの苦しい現状をわかってあげて下さい。哀れと思って優しく訴えを聞いてあげて下さい。そして、できることなら、死者になり代わって死者が思い悩んでいることを果たしてやって下さい。もし、それが不可能になってしまっていることなら、もうそんなことは全部忘れて帰るべき場所にちゃんと帰るよう諭してあげて下さい。

それが、後で詳述しますが「供養の心」というものです。

二、代わって果たしてほしいことがある

●死者が頼んで来ている

今挙げた三つの例でもおわかりのように、死者は自分が果たさなくてはならないものを抱えて困っています。自分で何にもできないことに苛立っています。肉体を既に失っていることに気がついていれば自分でもちゃんと納得するのでしょうが、自分の死を自覚していないのですから困ります。

その結果彼等は、縁あるもの、つまり、子・孫・兄弟・配偶者、更には、そのまた子・孫・甥・姪・従兄弟などの中から、自分の思いを理解して手を貸してくれそうな者を選んですがって来ます。

何を基準に選ぶのか全くわかりませんが、少なくとも心優しく自分の思いを汲んでくれそうな性格を見定めて決めるに違いありません。兄弟が何人もいるのに、選ばれるのはその中の一人です。もしかすると、兄弟の間を回ってよく検討した結果最終的に一軒の家を定めるのかもしれません。

「そういえば数年前までは兄の家に不思議に悪いことが続いたが最近ぴたりとそれが止まった。と思ったら今度は我が家だ」

というようなことがあったら、ひょっとしてそんなことなのかもしれません。

それはともかくとして、死者がこの世の者に頼って来ることとは一体何かということです。

三つあります。

一つ、苦しんでいる自分にまず気がついてほしい。自分との濃い血のつながりをよく考えてくれ。

二つ、自分にはどうしてもできなくて困りぬいていることがある。それを、どうか自分に代わって果たしてほしい。お前たちなら簡単にできるはずだ。

三つ、自分と同じ過ちをして生きているではないか。そんなことをしていると死後に必ず苦しむということを、今どうしてもお前たちに伝えたい。

以上の三つですが、ここで、この三つ目のことについて少し説明を追加しなくてはなりません。

不思議なことに、一軒の家庭に死者からの作用が始まる時には、必ずと言っていいほどに、死者が過去に冒した過ちと大変よく似た行為がその家で行われています。精神病という一番強い形の訴えを受けた時などは、後で調べてみて、意識を送って来た死者の後悔とそっくりなことを、意識を受けた今の子孫たちが必ずしているのがわかってびっくりします。

さきほどの家出の死者の子孫も、同じように親に反発して家出をして、そして勝手に自分の家族を作り上げて来ていました。すると、そうした生き方は間違いだぞと教えるかのようにその家の一番上の坊やに異変を起こします。この異変を契機として生き方・暮らし方を改めて供養に専念すると、異変も姿を消します。

不倫の場合も同様です。今現在の子孫の家庭の中で、そっくりな色情関係がひそんでいるのです。

死者の女性が悔やんで苦しんでいた彼女の「夫」の供養をして、彼女に代わってよくお詫びをすることと一緒に、今の自分たちの暮らしを正すことで、この家の精神病は必ず消えて行きます。

犯罪者のケースで、ぜひ知っておいていただきたいことがあります。この死者の場合は、共犯の友人がどこの誰であったかを先ず探しだして、死者に代わってその友人の供養をすることが大切なのです。血縁関係でもないのに、どうしてこの友人の供養が必要なのかはもう充分にご理解いただけたと思っております。

死者が苦しんでいる原因を摑むということは、時間的な距離が障壁となってなかなか難しいものです。しかし、そこが死者の意識の恐ろしい作用を消し去る核心部分なのですから、何もしないうちから、何が原因かさっぱりわからないなどとあきらめたりしないで下さい。わかろうとすれば死者もきっと力を貸してわからせてくれるはずです。

ところで因果律という言葉を耳にされたことがあるかと存じます。

文字そのままを直訳しますと「原因があるから結果があるという法則（さだめ）」ということで、つまり、ものごとには全く意味の無い現象など一つも無くて、自分に来る結果には必ず自分で作った原因があるという、自然界の大事な法則を教えているものです。

ご先祖の或る人が蒔いたタネは、そのご先祖自身が刈り取るべき定めなのですが、ところが人間自分のしたことに何の反省もないまま、つまり自分のしたことへの責任を取らぬまま死んでしまうことが多いのです。

するとこの因果律という大自然の法則によって、死後、大きな反省と後悔に苦しむと言う「結果」を受けてしまいます。

しかし、ご先祖が蒔いたものをもし自身で刈り取ることを忘れてしまっていたら、子孫であるあなたが代わって刈り取ってあげたっていいではないでしょうか。

刈り取らないと因果律が未整理のままいつまでも決着がつきません。

ご先祖もまた「お前ならきっとできる」と確信して、それでいろいろな現象を使ってあなたに頼んで来ていたのです。

そのことに気がついてあげなければなりません。

いかがでしょう。他人に拝んでもらったり、何かにお願いしたりすることで治るようなものではないと、この本の冒頭に申し上げた意味がよくおわかりいただけたことと思います。

さてここで、きわめて多い事例を参考に、もう一度整理してみましょう。

●恨みなのか祟《たた》りなのか

或る一人の浮かばれない死者があったとします。

この死者は「自分の両親の供養は本家となった兄の家でやることであって、自分は法事に呼ばれたら行けばいい。それ以上にでしゃばったことを分家はしてはいけないのだ」と、そう考えて何もせずに暮らしました。

本家の兄が亡くなった後も、佛事は兄の息子が跡を継いでやるべきことだからと、それまでと同様に両親のことを一切考えずに暮らして年をとり、そして、ついに一生を終わりました。

こんな人があなたの周辺にたくさんいます。いや、あなたもそうかもしれません。

ところが、こんな人が死ぬと途端にあわてます。死ぬとすぐに、両親のことをすべて兄の家に任せきりにしていたことを強く強く反省して後悔し始めるのです。

自分がこの世に生まれ出て以来、両親が自分に注いでくれた愛の一つ一つが克明に思い出されて魂が揺り動かされて来るのです。とてもじっとしてはいられません。

「長い年月の間知らん顔をしたままで本当に申し訳なかった。なんとか今からでも親の供養をちゃんとしてお詫びをしなくては……」

と、ただちにその行動を開始したいのですが、身体がどうも動いてくれません。いや、動かないどころか身体が無いみたいなのです。あせります。

こんな時、こういう状態になってあわてた死者は、必ず、自分の息子や娘、時には妻や兄弟姉妹に頼みに行きます。

この事例の人は自分の息子を頼りました。

「息子よ。私はなぜか何もできないので今とても困っている。それで頼みたいのだが、どうか私に代わって私の両親、つまりお前の祖父母の供養をしてくれないか。そのことばかりが気になって苦しくて仕方がないのだ」

必死に息子に頼むのですが、すんなり息子にその意思が通りません。なにしろ肉体が既に消滅していますので息子の肩を叩くことも声を掛けることもできず、それで余計にまた苛立ちます。とんとん進まない不自由をなげきながら、一生懸命繰り返しそうした「思い」を息子に送り続けます。

一方、父親からそうした「思い」をずっと送られていた息子のほうはどうだったのでしょう。息子はちょうど働き盛りといった年頃になっていて、それこそ稼ぎに追われる毎日です。家族が物質的に恵まれた生活を送るということだけが唯一絶対の目的と考えて、ただひたすら夢中で働いています。

死んだ父親の魂がまだ地上に生きていて、自分に向かって必死に何か言って来ているなどと、こんな息子が簡単に気がついてくれるわけがありません。

そこで、父親の思いのボルテージが更に上がることになります。父親は苦しさに耐えかねてなんとか息子の心が自分の方を見返るようにと、或る作用をし始めます。

その作用とは何でしょう。

息子の子、すなわち自分からいえば孫に何かをするのです。

自分にとって可愛い孫は、自分の血も引いている分身のようなもので容易に使いやすいのでしょうか、孫の意識を奪ってその中に自分の意識を送り、孫を異常な状態にしてしまいます。これが精神病の本当の発病原因なのだとはっきり私は把握できております。

こうなった時の息子（孫の父親）の困惑ぶりは並大抵のものではありません。

「これは一体どうしてなんだ。なぜこんな目に遭わなければならないんだ。自分たち一家は悪いことの一つもせずに真面目に働いているつもりだ。それなのにこんな不幸がなぜ突如として降って湧いて来るんだ」

悩みぬいた挙げ句、親の誰もがたどるコースというか病院や占いなどをさんざん回り道させられることとなり、少しも先が見えて来ないことからようやく、これは何か死者と関わりのあることではなかろうかと、ふと核心部分に到達することとなります。

足腰が痛むとか仕事が難航するとかいった現象ぐらいでは、とても気がついてもらえないということをよく承知している死者側の作戦勝ちとでも申しましょうか、孫に激しい症状を作ることで、結局息子は紆余《うよ》曲折の末にこの私とご縁を結ぶことになって行きます。

そして、霊視によって父親の魂の苦しみを初めて知ってびっくりします。同時にまたその苦しみの原因というのが祖父母に対する父親の思いにあることも知ります。

祖父母の供養は、この息子にしても一度だって自分の手でしたことがありません。そのことに初めて気づかされたのです。

「祖父母のことは本家の従兄弟たちがやってくれているから、それでいいものとばかり思って、長い間ただの一度も祖父母をしのばずに暮らして来てしまった。墓参りまで本家の仕事と考えたままこの年になってしまったことは本当に申訳ないことだ。そうか、親父は自分が何もしなかったこともそうだけど、われわれ子供にこうしたことを何も教えずに死んでしまったことを今きっと後悔しているのだろう」

息子はそれこそ電気に撃たれたように父親の心のうちが読めて、何十年ぶりのことになるのでしょうか、ようやく祖父母の供養という段階に入ります。

こうした場合私の寺では、一人ずつ祖父・祖母、そして気になって成佛できなかった父、さらに母と供養を続けて行きます。

孫に異変を作ってまでして息子に自分の思いを伝え、それが成功して自分の両親の供養をちゃんと息子にやってもらえたのですから、父親はどんなに安らかになれたことでしょう。息子に頼まなければならないことも済んで、さっぱりとして浄土へ帰って行きます。

材料に使っていた孫の肉体はもう全く不要になりました。

こうして死者の意識が離れて行った孫は以前と変わりない状態に戻るのです。

今になって考えてみれば、孫が孫でなくなって妙なことばかり喋っていたあの症状は、まさしく死者の父親そのものの言葉遣いであったし、言葉の内容も父親の言いたいことそのものであったように思えて来ます。

精神病が治るということの基本の形がこれです。

このお宅が私の所へおいでになる前に回って歩いた霊能者の中で、お宅にはお祖父さんが祟《たた》っていると言った所があったそうです。どういう風にして何を見てそういうご託宣《たくせん》を下したのか、また、お祖母さんをなぜ除外しているのかさっぱりわかりませんが、二代前に的をしぼった点だけは的中していたと言えます。しかし、祟っているとはなんという見当違いを言うものでしょう。

祟ってなんかいたわけではありません。また、祖父母は何一つ恨《うら》みがましいことを言って来たりしてもいません。ただ、父親が反省して苦しんでいたことと、その解決を息子に頼んで来たということだけが確かな事実だっただけです。

死者がこの世の者を恨んで、その恨みの故にこの世の者に悪いことを運んで来たという例は、私は一度も体験させられておりません。

この世の悪い現象は、死後に自分の生前の行為を反省し、それを悔やんで苦しむ死者の思いが原因となって起こることはあっても、死者の恨みの思いがそのまま直接むきだしの形でこの世に表れて来ることは無いと考えます。

身辺に困ることばかりが連続的に発生したら、いや、もっと端的に申しましょう。家族の中に精神病が発生したら、それは、悔やんで悔やんでもがき苦しんでいる死者たちが必ずいるということであり、更にあなたも、今きっとそれと同じ過ちをしているのに自分でさっぱり気がつかずにいるということなのです。

●一人や二人であるものか

さて、死者の意識作用のパターンをおわかりいただいたところで、もう一つ、大切なことをつけ加えなければなりません。

それは今の事例でいうならば、父親一人だけが作用して来るのではないということです。父親と同じように息子に頼りたい死者は他にもたくさんいるのです。

繰り返して申します。孫の肉体を占領してでも、息子に何かをアッピールして助けてもらいたい死者が、父親と同時に複数で作用して来ています。

では何人か。それは全くわかりません。五、六人のこともあれば、数十人の時もあります。すべてが縁ある死者たちで、全く見も知らぬ他人の死者ということは絶対にありません。縁あるということは文字通り縁のあった人ということで、血縁でなくても血縁以上に深い縁があれば頼って来ることがあります。

そんなにたくさんの死者が……と、驚かれるかもしれませんが本当に一人や二人ではないのです。

この複数の死者たちが、どう打ち合わせてどう合同するのか、この世からでは窺い知ることもできませんが、とにかく、全部の人が一度に作用して現象を起こしているというのが、精神病の実際の姿であり、大きな特徴でもあるのです。

ですから、ターゲットにされたのは同じその家の息子さんであっても、それぞれの死者の目的はすべて別々ということです。たとえば、父親は自分の両親への供養の欠如を悔やみ、別の誰かはもう一代上の曽祖母の実家のことで思い悩んでいるというように、頼って来る死者もその願いも一つ一つ異なります。

従って供養も当然一人一人別々に、しかも、一人一人にその都度特別な思いを以て接して行かなくてはなりません。

要は、供養というものがいつも日常的な中に、当然のこととして存在する暮らしをして行くことです。そうした生活をしていれば特別に心掛けることもなく、たいしたことでも何でもないのです。

ただ数に驚いて溜め息をついていても何にもなりません。彼らが頼ってきたからには絶対にそれを避けることは不可能です。

人間なんて小さなものでしかありません。財産がいくらあっても、どんなに高い地位にいても、死者たちには賄賂はききませんし遠慮もしてくれません。わが家に精神病が発生したら、一生懸命死者たちときちっと向き合っておつき合いするしか方法はないのです。逃げても逃げられません。

死者を立ち去らせるとか、逃げられる避けられるとかいう人がありますが、それは全部嘘です。

しかし、それにしてもどうしてこんなに成佛していないのでしょう。

前章で書きましたように、佛教者の「これでいいのだ。大丈夫だ」といういい加減な作法や形だけの「楽なもの」に人々は慣らされて、その間違ったものを大事な教えと錯覚して作り上げた因習を、長い間後生大事に伝えて来てしまったことが最大の原因です。

知らずに信じて、たとえば先程の事例のように、分家なら親のことは本家任せでいいと思って暮らして死んで、それで苦しんでいるのです。親のことを忘れずに暮らすのは人間として当然であり、どんな哲学や宗教でもこのことは否定できません。

なのに、僧侶たちが何百年も知らん顔して来たことに私は嘆かわしい思いを通り越して立腹しています。

先日も私の霊視に出て来た死者のことで、或る大きな寺院の住職でいわゆる偉いお坊さんという地位にある人が私にこう言いました。

「いや、そのホトケは私がずっと法事を担当しているのですから成佛していますよ。大丈夫ですよ、特に何もしなくても……」

それならどうしてその死者が私の霊視の中で子孫に何かを正確に訴えるのですか。何を根拠に成佛していると断言してしまうのですか。

「これでいいはずだ、大丈夫、大丈夫」といういい加減さの中に、まだ平気で漬かっているとしか言えません。

どうかあなたは、死者がちゃんと生きていて思いを送り続けているという事実を、そして、この章で述べたようなメカニズムで作用して来ているということを謙虚に信じて下さい。そこから入るしか解決に通じる道はありません。

三、憑依を分析する

●憑依の機会を待っている

私の寺で供養をもうかれこれ七、八回ほど、続けてなさったでしょうか、大事な息子さんがまだ完治とまではまいりませんが、もうほとんど以前の元気な明るい姿にまで戻った九州の方がいらっしゃいます。

この方の表情も、回復を体験したほかの方々と同様に、初めてお見えになった頃とは別人のようにすっかり明るくなりました。

「驚きました。こんな大事な人を両親も私も放ったままにしていたことが、調べているうちにまたまたわかりました！」

縁ある死者でこれまで何一つされていなかった人を発見しては、遠い九州から八王子まで供養に飛んでいらっしゃいます。そして供養を終えると、

「よかった。この年になってこんな大事なことに気がつかせていただいて、私は本当に幸せです」

と、しみじみおっしゃいます。初めの頃は供養すれば息子は本当に治るのでしょうかと、それればかり言っていた人が、治るとか治らないとかいうことよりもっともっと大切なものを供養を続ける中で知ったのです。それを知ったら治るなどという当然の結果を一々口に出すまでもないという心境に到達します。

この方がつい先日おいでになった時にこんなことをお話しになりました。

「先生。実は私、昨日、息子が長いこと入院しておりました精神病院へ、残っていた手続きをしに久し振りに行ったのですが、そこでも、自分たち親子は本当によかった、ご先祖の皆さんが何も彼も導いて下さったのだとつくづく思いましたよ」

そうおっしゃった意味はこういうことでした。

息子さんが入院している間、この父親も重い足を引き摺るようにして何度も何度も面会に通《かよ》ったわけですが、その頃、よくロビイで一緒になってお互いに苦労話をした一人の老人があったのだそうです。

その老人に昨日もまたロビイでぱったり顔を合わせたのです。

「あの頃からもうかれこれ二年はたちました。それなのにあのお年寄りは全く変わらぬ悲しい顔のまま、まだ面会に通い続けているわけです。つまりまだ全く治っていないということです。あの人のご子息はまだ病院に入ったまま毎日強い薬を飲まされているのです。私は、自分の息子はこういうわけでもうほとんど昔通りになりましたとは、とてもその老人に言えずに、自分も面会に来たような顔をして座っていました……」

今の喜びをあらためて噛みしめてか涙を浮かべておいででした。


本当に、入退院を繰り返してもう二十年、三十年たってしまったという人もあります。高校生の時に始まって今はもう四十才を越してしまっているのです。

そしてその両親が「何故だどうしてだ」をいまだに繰り返しながら、次第に老いて行く身体に鞭打って、溜め息をつきつき残り少ない人生をとぼとぼと歩いているのです。

この世のことはどんな難問題でも人間の知恵で解決するものと思って生きて来て、それでなんとか過ぎて来たのに、精神病だけはありとあらゆる知性をもって立ち向かっても何の変化も見せてくれません。解決の糸口さえさっぱり摑めません。

これだけ進んだ科学・医学ですから病気ならなんとでも打つ手があるはずです。

が、精神病はこの世で言うところの「病気」とは絶対に違うものです。

何度も申し上げておりますように、目に見えない世界から死者たちの意識がやって来てこの世の人間の魂を占領してしまう現象であることは、もう疑う余地の全く無いところなのです。

そもそも、死者に入り込もうと標的にされた人は、自分の周辺に死者たちが近寄って来たことを敏感に感じ取ります。

或る中学生は、夜になると必ず自分の背後に近寄る気配のようなものを感じて、気味が悪いというのが一番最初に体験した異常でした。母親に怖いと訴えても、そんな馬鹿なことがとか気のせいだとか言われて、自分でもそうかなと思います。

が、だんだん迫ってくる何者かは、耳元で囁いたり、更に恐ろしい姿を見せるようになって来ます。しかも一人ではなくいろいろ違った迫り方で何人もいることがわかって来ます。囁く内容は「お前は生きていたって仕様がないのだから早く死んでしまえ」とか「お前の母親を犯してしまえ」とか、とにかく純な子供には耐えられないようなことを言うのです。

この時期に「怖い！」といって親に救いを求めることが多いのですが、変な夢を最近よく見るようだという程度の対応となることがほとんどです。

またあまり騒ぐので、誰がどんなことを言うのかと母親が問い詰めた時、さきほどのようなひどい内容のことですので、子供の知恵でもそのまま言うべきではないと考えて黙ってしまいます。何を聞いても答えてくれないという状況には、実はそんなわけがあったりしていることも多いのです。

また、囁きや恐ろしい姿形で現れるものに抵抗して、子供が「あっちへ行け！」と叫ぶことも多くなって来ます。すると、全くどういう計算でやることなのかいまだに説明もつきませんが、子供が「おや」と関心をもつように、迫り来る者たちは、子供の友達の名や子供が興味を持っているタレントの名を騙ります。

友達の誰々が昨夜来たとか有名タレントが部屋に入って来たとか言い出すので、親はいよいよ子供の気が狂ってしまったと思って動転します。子供にしてみれば本当のことを親に告げているのに全く信じてもらえないどころか変なことを言ったと大騒ぎになる、これでは事実を告げずに黙っていたほうがいいということになります。

こうした一番最初の時期に、親が自分への死者たちからの通信であり、子供がそのために使われていると考えられれば随分状況が違って来ると思うのですが、正しくそう考えて対処できる親はまず一人もありません。

いたずらに日がたって行きます。

子供の心が恐怖・不信・不安に満ち満ちて来ると、今この子供の魂に入り込もうとしている死者たちの魂と、次第に波長が合って来るとでも申しましょうか、或る瞬間をとらえて死者たちはサッと子供の肉体の中に侵入します。憑依です。

この瞬間から子供の魂は死者たちによって占領され、子供の身体は死者たちの意識・魂によって操縦されることとなるのです。

この子供の肉体を得た死者たちは、子供の手足・口を使って、親たちに向かっての自己表現・自己主張を開始します。これでも気がつかないかと大声を出して叫んだり、物を投げつけたり、母親の顔を叩いたりして、家庭を一気に地獄としてしまいます。

占領されたとはいっても、ごく僅かな残された部分に、子供自身の魂がかすかに作動していることがとても多いのですが、こんな時は、暴れている自分を知っています。母親の顔を殴りつけながら、自分は今母親を殴っている、困った、自分はこんなことをしたいとも思っていないのに、どうしてこんなことをしてしまうのだろうと、苦しんでいる子供自身の魂・意識があるのです。なんという可哀想な状態でしょう。

めちゃくちゃに暴れた末に、急に静かになって、

「お母さん、ごめんなさい。どうしてあんなことをしたのか自分でもわからない」

と、本来の優しい子供の表情に戻ります。やれよかったと思う間もなく、またすぐに人が変わったように暴れ始めるのです。

死者はただやみくもに暴れさせているのではないのですが、親はなんとかして押さえようと子供と取っ組み合いをして時には縛ったりもします。そんなことが何の役に立ちましょう。

●症状は死者たちの表現

子供の肉体に入った複数の死者たちはそれぞれ勝手に出たり入ったりします。たった今或る一人の死者が子供の口を使って何か喋っていたかと思うと、すぐに入れ替わって別の死者が独特なしぐさをするというように、彼らがやることは縦横無尽であり、また、勝手気ままです。

しかし、よく注意して眺めると、無意味な言葉・行動は一つもありません。とにかく子供の親に気がついてもらいたいための、最後の手段ともいうべき自己表出なのですから、親がそのつもりで観察すれば何かを摑めるはずです。が、私のところで供養の心を学んでいませんと、子供がわけのわからぬことを言っているとただ悲しみ嘆くだけで終わってしまいます。子供の口がこんなことを言います。

「お前たちはいい気なものだ、あやまれ」

「早く返さなければ駄目だ」

「違う違う、何を間違えているんだ、反対だ、さかさまだ」

など実にさまざまなことを言います。

もちろんこれだけの言葉では意味不明ですので、またわけのわからぬことを口走っていると嘆くだけになりがちですが、しかし、後で霊視したり調べたりして死者たちの一人一人が誰々と特定できますと、こうした言葉がすべて正しく何かを指摘していたことがわかってびっくりします。

たとえば、兄が一子を残して亡くなった後、財産の後継の必要から弟が兄嫁と結婚、やがて、自分の子ができると兄の子を外に養子に出してしまった、というようなことが何代か前にあった場合、「いい気なものだ、あやまれ」になったりしているのです。


自殺者というのはまず百％成佛していませんので、何十年たっても自殺に及んだ直接的原因でいまだに悩み苦しんでいます。そして、そのことを子孫の誰かに言いたくて子孫が一番大事にしている妻とか子供とかの肉体を使って訴えて来ます。

また、精神病という憑依の形のまま亡くなった人も、そうであったことを今こそ表明したくてものを言って来ます。その時そのままの思いを言って来ます。

複数の死者たちが、それぞれに別々の表現方法でものを言いますので、肉体を占領され使われてしまっている子供本人の言動は実にさまざまな形を取ることになります。

暴れる人あり、ふさぎこむ人あり、笑う人あり、また、憑依された本人が憑依した死者たちと会話したり口論したり、それらがそのまま症状となって家族の前に提示されるのです。

「うちの子は今まで一度もあんなことをしなかったのですが、時々首にタオルを巻いて咳き込むような変な格好をするんです」

母親のこうした観察が、あとで調べてみたら母親の祖父の普段の癖とそっくりだったことがわかって「では、お祖父さんが私の子供に入って……」ということになります。

また、まるで赤ん坊のようにものをほしがったり、男の子なのにまるで娘のようなしぐさをしたり、死者たちは一人一人的確に別々の言動を見せてくれます

こうしたことを症状ととらえれば、本来一個の人間は一人格であるべきはずなのに、一人の人間がいろいろな性格の人間にどんどん変わってみせるのですから、なるほど医学で「分裂症」とはうまい命名をしたものです。

しかし、この分裂という言葉が決して正しくないことを皆さんはもうご理解になっておいでです。分裂ではありません。死者の意識の、人体の共同使用なのです。

さて、それでは一体どういう死者たちなのか、どういう繋がりの人たちなのかというところへ入って行きましょう。

どなたも死者というとつい最近亡くなった自分の親などをすぐイメージしますが、そんな近いところにしか頭が巡らない暮らしこそが問題なのです。

もちろん、親が自分の子を頼って来ることが実際にはかなり多いのは確かですが、

「さて私たちに何かを言って来た人というのは一体誰なんだろう」

そう考えるとすぐに短絡的に、

「では、多分あの人ではなかろうか」

と、よく覚えている人を想定してしまう、そういう大雑把な死者観、先祖観に対するご先祖

からの厳しいお叱りが、今、この子供を使ってなされているのに違いないのです。

訴えて来ている人たちは、もっと以前の方々で、いつも何かといっては思い出されているような人たちではないのかもしれません。

いつでも思い出しているような人ではないからこそ、子供の口から出る言葉の意味もすぐにはわからず、とんちんかんのままウロウロするだけとなってしまうわけですが、こうなってしまってから仕方なく慌てて調べてみるという、今のような暮らしを続けて来た親の親、親、そして自分に一切の責任と原因があるのです。

この反省は厳しくしていただきたいと存じます。

子供の異常という衝撃的な体験が、遅ればせながら、今まで放置していたご先祖に子孫として思いを届けるという本来なら当然すぎる行為を、今ようやく開始するきっかけとなつたのです。今までとは明らかに違う新しい暮らしの、厳粛な出発点に立ったのだということをぜひ自覚して下さい。

この道の彼方に間違いなく光明があります。

III

いい加減な教えと習慣

一、死後に後悔する間違った暮らし

●あの人がどうして

ここでのテーマを、まず実際の事例によって考えてみることにいたしましょう。

多少は宗教というものについてのお話も出てまいりますが、学問のようなものとはまるで無縁の私ですので難しい宗教論を並べる気など毛頭ありません。ただ、精神病という憑依現象が起きてしまう原因の中に、見過ごすことのできない元凶のようなものがいつも必ずありますので、それをここで明らかにしておきたいと思います。

この元凶を突き破らなければ精神病の解決は一歩も前へ進んで行かないと思えるほどの困った邪魔ものです。それは……

「間違ったまま凝《こ》り固まってしまっていて、改める気さえ全く無い宗教常識」
「なぜ頑固に守るのか誰もよくわかっていない姑息な因習」
「ただ体裁だけをつくろおうとする情けない習慣」

というような、普段理屈をこねる人なのにどうして無批判に従ってしまっているのかと不思議に思えるような習性ばかりです。そしてこれらの習性のまま無自覚に生きてしまうことが原因となって、浮かばれない死者がたくさん作り出されてしまっているのです。

とにかく、こうしたことを理解するために、早速、事例から入りましょう。

関西の植村家（仮称）の奥さん・小夜子さんからのご相談が最初のご縁でした。ご主人の健一郎さんも奥さんももう六十代半ばだというのに、お気の毒にご子息が精神病です。

お話を伺ってみますと、ご子息というのは次男で、子供の頃の発病からすでに三十年を経過してしまっています。更にご長男は、やはり精神病で入退院を繰り返した挙げ句に、三年前になんと自殺をしてしまっていました。

しかも、この長男には嫁と二人の子があったのですが、離婚して嫁が子を連れて出てしまい、自殺はそれから間もなくのことであったようです。ですから今は老夫婦と精神病の次男の三人家族というわけで、毎日の生活を想像するだけでも胸が痛みます。

大事な息子が二人ともどうしてこんなことになるのでしょうか。

これまでの章をお読みになってもうおわかりのように、明らかにこれは両親である健一郎・小夜子夫妻が気がつかなければいけない死者たちからの強い意識作用です。

二人の息子さんたちは夫妻に向かっての訴えの材料として死者たちに使われてしまったという精神病の典型的な形を示しています。

では、その死者たちというのは、この夫婦からみてどういう位置のご先祖、または先亡の縁者なのでしょうか。

結果を先に申し上げるならば、植村さんご夫妻は私の霊視によって特定することができた何人かの死者の中から一人ずつの供養を開始しまして、現在のところでは、次男の症状にはっきりと快方に向かっての変化が生じて来たという段階です。

が、ここでは、この植村家が何故こんなことになってしまったかについて考えていただくのが目的ですので、話の順序をいろいろ組み替えて要点だけを説明してまいります。

このご夫婦が結婚するはるか以前の、健一郎氏がまだ子供だった頃に、母親のヨネという人が、理由はわかりませんが自殺で亡くなっていました。

が、こんな重大なことを健一郎氏は、何故か妻の小夜子さんにいまだに内緒にしています。小夜子さんは結婚後親戚からそのことを聞かされて知ったのですが、夫が自分に内緒にしていた気持ちに配慮して今も何も知らない顔をしています。

自殺したヨネさんの夫、つまり健一郎氏の父親は源太郎という名で、熱心な佛教徒でした。家に小さな佛像をまつり、お経も読み、時には滝行もするというなかなかな信仰ぶりでしたので、こうした源太郎氏の影響をうけて息子の健一郎氏も或る宗派の集まりでは世話役もつとめて来たほどです。

ところでこの源太郎氏のそのまた親たちのことですが、父親も母親も源太郎氏がまだ幼い頃に他界してしまったので、源太郎氏は叔父に当たる人の家に引き取られてそこで成長しました。以上が植村家の概略です。

さて、この植村家の子孫に精神病が出てしまった原因というのが私の霊視で明らかになったのですが、なんと最も強い思いを送って来ていたのは健一郎氏の父親・源太郎氏でした。

つまり、長男・次男と続いている不幸の根源は、死者・源太郎氏の後悔と反省に苦しむ意識にあったのです。そして、さらに息子の健一郎氏が今この世で昔の源太郎氏と同じような過ちをおかしていることにも原因がありました。

いかがでしょう。源太郎氏はなぜ成佛できていないのでしょうか。佛像をまつり、お経を読み、滝行もした人がどうしてなのでしょう。

死者の源太郎氏自身も、生きていた頃はまさか死んだ後にこれほど自分の魂を苦しめるようなことを今自分がしているなんてとても考えられなかったでしょう。

死後の後悔・反省とはそうしたものなのです。

ですから、息子の健一郎氏は、父親があの世で苦しんでいると聞いても「どうしてなんですか。父は何をそんなに悔やんでいるのでしょうか」と、その苦しんでいる内容がすぐには理解できませんでした。しかし、死者への思いやりについての私の話を実に素直に聞かれて、それから一気に父親・源太郎氏の「思い」が見えて来たようでした。

●死ぬとすぐにあわてる

死者をしのぶとは、つまり、死者の気持ちの上にこの世の自分の気持ちを重ね合わせてみるということです。

家族環境や仕事、性格などから死者の気持ちをいろいろに想像してあげると、まるで自分がその場に生きていたように死者の思いの一つ一つがわかって来るものです。こんな時にはきっと悔しかったに違いないとか、こんなことが嬉しかったのだろうとか、死者がまるですぐ近くに生きているかのように感じられるものです。

父親の源太郎氏の死後の後悔というのは、まず第一に、自分を生んでくれた両親への感謝をまったく忘れたまま一生を終えてしまったことでした。

幼い頃に両親を失ったために両親の顔さえ思い出せなかったし、預けられた所は叔父甥の間とはいうもののやはり他家ですから、人に言えない遠慮もありました。

　母親の懐の暖かさも、父親の慈愛に満ちた掌の感触も知らずに育った少年時代の淋しさを生涯忘れられなかった源太郎氏は、ついに両親のことを自分の意識からわざと外へ捨ててしまったのでした。考えるとつらくなるだけのことですので、いっそのこと生みの両親の一切を忘れることにしたと言ってもいいでしょう。

　ですから、一人前になってからは、自分をわが子のように可愛がってくれた叔父夫婦を本当の親と思って、周囲の人たちが感心するほどに孝養を尽くしました。そしてその叔父夫婦の死後は、育ててくれた恩に報い菩提を弔うつもりで、或る寺に通ってお経を習い始めたのでした。その寺の住職の言う通りに、神々しい佛像を見上げながら読経していると、心が清々しくなってカミも自分のこうした行為をみとめて何かの力を授けて下さるような気がして来ます。源太郎氏はそうした自分の安心感・満足感に力を得て一生懸命働き、そのせいか商売も順調に進んで行きました。

　商売が進めば忙しくなりますし、欲も出て来ます。いつしか自分はカミと通じあえるような気になり始めていた源太郎氏は、いっそう熱心に、かつ激しくカミに祈るようになりました。商売がうまく行くのは、自分の祈りにカミがお応え下さったものとかたく信じて疑わない日々が続きました。

　詳細な事情はわかりませんでしたが、経済的には順調なそんな頃に源太郎氏の夫人・ヨネさんが自殺しています。

　妻の自殺ということは源太郎氏にとって実に世間体の悪いことでした。仕事の上でも信用上大変なマイナスとなります。心臓麻痺ということにして、そそくさと葬式をすませました。妻に申し訳ないと謝る気持ちよりも暗雲たちこめる現状から一日でも早く脱け出ようと、彼はひそかに山に籠って滝に打たれました。カミに祈ることですべてがうまく運ぶような気になっていたのです。

さてそれから数十年たって自分が死んでみたらさあ大変でした。

まず自分が生まれたばかりの赤ん坊の頃、自分に乳を与え、寒くないようにと布でくるんでくれた父母への言い様のない懐かしさと同時に、恨みごとばかり言っていて父母に何一つ感謝の心を持たなかった自分への厳しい反省が始まったのです。

そればかりではありません。自殺した妻に今こそ心底からの詫びが言いたくなってたまらないのです。さらに、生前には考えたこともない妻・ヨネさんの実家の両親の悲しい悲しい気持ちが初めてわかって申し訳なさに身の縮む思いがするのです。

植村家へ嫁にやった可愛い娘が、どんなつらいことがあったのだろう、自ら死を選んでしまったなんて……妻の両親のぶつける先の無い悶々たる胸の内が、死後の源太郎氏をこれでもかこれでもかと苦しめます。

苦しさのあまり源太郎氏は息子の健一郎氏に「私に代わってこれらの方々の供養をしてくれ」と、やむをえず頼みに来たのですが、さて、この息子も生前の自分と同じように形ばかりの信仰をしていて、佛教学の理屈ばかりを寺の坊さん相手に議論してそれで得意になっています。そんなことでは供養にも何にもならないのです。

それだけではありません。健一郎氏は、父親が今苦しんでいることの一つ、母親のヨネさんのことを自分の妻の小夜子さんにさえ話をしていません。そんなことでヨネの供養をちゃんとしてくれるだろうか。

「おい、お前の母親なんだぞ。幼いお前を置いて死んでしまったかもしれんが、そうだからといって、いつまでお前は知らん顔しているつもりだ。お母さんのことを頼むよ」

と、声を掛けるのですが全然健一郎氏に通じません。死者・源太郎氏はいらだちます。

健一郎氏が妻の小夜子さんに母の自殺を隠している気持は、父親・源太郎氏が早く死んだ両親を恨んでいたのと大変よく似ています。まだ幼かった自分を残して自殺するなんてそんな母親があるものか、どんなに悲しい複雑な思いの少年時代だったかいまだに思い出すのもいやだ、どうして自分の愛妻に母親の自殺という恥ずかしくてみっともないことを平気で話せるものか

……

死者・源太郎氏はこう言います。

「息子よ。私もそうだった。ところが死んでみるとそんな考えは通らないんだよ。そんな自分ばかりを可愛く思って、自分以外のものを恨んだり憎んだりした愚かさを、いやというほど知らされるんだ。しまったと悔やむ苦しさは本当にすごいものだ。だから、そのことも父親として私はお前に、お前がまだ生きているうちに教えたいのだよ。頼む。私の両親、妻ヨネと、それからヨネの両親の供養を私の代わりにやってくれ」

こうした切々たる父親の叫びにすぐ気がつくような暮らし、つまり、死者の心と共にある魂の暮らしをしていればいいのですが、健一郎氏は父親同様に仕事仕事の暮らしで、物質的なもの以外に価値を知りません。

それだけでも困ったことなのに、これもまた父親そっくりに佛像を拝むだけの信仰をしています。

○○様、どうぞいいことがありますように儲かりますようにと、そんなことを拝んでいるだけなのに、自分はカミ信心しているのだからカミの○○様が自分を守ってくれて当然と思っています。また、偉いお坊さんともお付き合いしているから、それだけでも目に見えない世界のことは自分に味方してくれるはずだと考えています。ですから余計に本当のものがわかりません。

死者はさっぱり振り向いてくれない息子に困り果てて、息子が「これはいったいどうしたことだ」と、青くなることを始めます。

植村家における長男の自殺、次男の精神病というのは百%この作用だったのです。

●信仰のカン違い

自分中心の考えから、本来優しく思いやってあげなければいけなかった大事な人々を平気で放置してしまったのは、つまりは情けないばかりの幼さでもあります。

いい年になったのにいつまでも他に甘えることばかりで、自分のほうから親や先祖に優しい心を向けてあげられなかった自分を恥じるべきです。

もう一つ、ただ今の事例には「間違った信仰」ということが出てまいりました。

お経をあげたり祈ったりすることがどうしていけないのだろうと納得できない人がたくさんいると思われますが、その納得できないこと自体が問題です。

死者との魂の交流さえ満足にできない人間は、どんな形の信仰を深めようがカミとの対話など絶対に不可能です。ましてや物欲充足のための利便を願うような、そんな信仰では、死者の求める供養の代わりになるはずもありません。このことをしっかり知っていていただきたいのです。

お坊さんの真似をしても死者の供養には絶対になりません。

それなのに、供養にもならない宗教形式をさも供養になるように言って、自分でもそんな形式だけで死者を成佛させられるように錯覚している宗教者がこのところ特に増えて来ています。

作法や術で死者が成佛などするものですか。

前の章で、子供が成長して来た頃に精神病が始まることが多いと申しました。つまり、ちょうど親が一人前になった頃です。

人間は思い上がりの激しい動物なのでしょうか、そんな年頃になるともうこの世のことすべてをわかってしまったつもりになります。自分はもう立派に完成されたものになったという気でいます。ですから自分の勝手な解釈の信仰にも自己満足しています。

人間は死ぬと佛になる、だから佛を拝んでいればそれで死者は満足のはずだといった程度の信仰なのに「佛像を拝んだって死者の供養にはならない。あなたの信仰は信仰かもしれないが、死者の供養になると思っているなら間違っている」と指摘されると、絶対に間違いではないと立腹して強弁します。自分が何をどう間違っているかを、ふと考えなおしてみる素直さも失っています。

いくら拝んでも願っても子供の精神病は治らない。そんなはずはないがとあわて始めた時に、供養で治ると聞くと供養をまるで特効薬か特別手術のように思って、今度は「さあ供養だ」と騒ぎます。

供養は、間違った信仰のような「形」でもありませんし、すればそれでいいという「行事」

でもありません。保守的で、頑固で、怠け者で、物欲優先の人にはかなり理解の難しい心の世界のものです。

この本はとことん供養についてわかっていただこうとしておりますので、これから先まだまだ頁が続きます。ラストページまでだいぶ分厚い頁が待機していますから、治るには何をしたらよいのだと簡単に結論を読もうとしている人にはちょっと大変です。でも、本当に今苦しんでいらっしゃる人ならなんの苦も無く最後までお読みになれるでしょう。尻込みなさる方は、もうしばらく拝んだりお願いしたりの生活を続けてみて、体験的にその間違いを感じてから再挑戦なさることをお勧めします。

カミとは、佛像のように人間そっくりの形をしたものではなく、もっともっと大きなもの、つまり、天地大自然そのものです。天地大自然の法則です。

信仰とは文字通りカミを信じて見上げることです。大自然の恵みに心から感謝することです。大自然の法則に背かぬ生き方をすることです。

カミに従い法則のままに生きることだけが信仰です。人間の欲望を優先して無理に法則違反することは、そのままカミの心に反することです。

それなのに、人間の物質的欲望充足のための「お願い」「頼みごと」をして、欲望がかなえられると「御利益」があったとして満足するだけの「信仰」が蔓延しています。御利益とみえた現象は、それこそカミが下さった一つの「体験」であり、また一つの「教え」だったのです。

間違った信仰だけをして、そして供養をしないという、そんな愚かなことのないようにくれぐれもお願いいたします。

二、正しい教え

●誰でもわかる誰でも悟る

手順だけのことで簡単に言うならば、供養によって精神病は確かに消えて行きますが、供養というものは、精神病が治ったらもうそれで終りというものではありません。

最初はどなたも藁をも摑む思いと申しますか、治るものならどんなことでもやって行こうというそれだけのお気持ちで始めます。それはそれで仕方がないと思います。

死者が生きていてその意識をこの世に送って来るなんて、そうそう簡単にわかることではないのですから、最初から「治す」ための供養でもいいのです。

が、治すという目的でも、供養を重ねて行くうちに、自分のこうした供養を待っていた死者がこんなにもたくさんいたのかと本当にびっくりします。それと同時に自分はもちろんのこと、自分の親も兄弟も更には祖父母たちも、どうしてこんなに自己中心的に生きてしまったのかと、呆れたり情けなくなったりして来ます。

そして、ご先祖の供養がどうしてこんなにされていなかったのか不思議にさえ思えて来ます。まったく放置したままにしてあった死者に対しては、それこそ一言の言い訳も無いというものですが、しかし、時々は思い出し話の一つもしていた人までがさっぱり成佛していないのを知ると、通り一ぺんの葬式や法事ぐらいではとても納得してくれないのだということがよくわかります。

そこに気がつくと、勝手に成佛していると考えて済ませていたことが本当に申し訳ないと心から死者にお詫びしたくなります。お詫びして供養すると、死者がやっと安らかに浄土へ帰って行くのがわかりますので、死者と一緒に嬉しくて嬉しくてたまらない気持ちになります。

こんな気持ちこそが本当の幸せというものではないでしょうか。

そしてまた、死者が浮かばれないほどに思いを残してしまうのは、その人が生きていた時の生きざま暮らしざまに問題があったわけなのですから、生きている自分にとって今の毎日がどれほど大切かということもよくわかって来ます。

供養をして行くことでここまでわかった時、供養が本当の供養となって行きます。

精神病というこの世の地獄のような体験から出発して、供養と共にある生活の喜びを知る境地に達すればようやくそれが終着駅です。

治るなどということは当たり前のことであるのがよく納得できるでしょう。

治るとか治らないとかいった次元のところから始めた供養でもかまいませんから、供養を続けているうちにぜひこの境地に到達して下さい。死者たちはこの正しい教えを私たちに知らせるために、精神病という体験を与えて来たと私には思えてなりません。

治すためにしなければならないから、供養というものをしなくてはならない、だから供養をするというのでは治るという結果は決していただけません。

私の寺には、もうすでに「供養を続けて行ける今の自分は最高の幸せ者です」とおっしゃる境地に到達された方がたくさんおいでです。

この方々のご先祖は、今日までの供養によって、もうほとんどが帰るべき魂の里に帰られたからなのでしょう、皆さんが実に明るい顔で毎日をお過ごしです。

が、こうしたご一家も初めからこんなに明るかったわけではなく、過去の或る時期にはとても語り尽くせない苦労を続けていたわけです。精神病の息子や娘を殺して一家心中をと何度考えたかわかりません。

突然に襲って来たこの異常な現象は一体何なのだ。それまでの一家団欒《だんらん》は夢物語と消えてまるで地獄そのものだ。誰か助けてほしい。病院では何もわからない。偽宗教に行ったら大金を取られてしまって貯金も底をついた。誰か何かいいことを知らないのか。

神とか佛とかが本当にいるなら自分たちを今助けないで誰を助けるというのだ。

カミを恨み、人を憎み、そして世を呪いました。

こんな時、この異常事態は悪霊・悪魔の仕業であると聞かされれば確かにそうに違いないと思えます。

だから、ご祈禱によってそうした悪霊・悪魔を払ってくれると聞けばすぐ飛んで行きます。そして自分では何一つできるわけではないので、よろしくお願いしますと祈禱を依頼します。すると少し効き目があったような気がするから不思議なものです。よかった、悪霊・悪魔が払えたらしいと祈禱者の力に驚嘆し、その力への対価として大金を支払います。

が、三、四日たちますと、これまた不思議に効き目が消えて再びもとの症状に戻ってしまうのです。どうしてだか理由はまったくわかりませんが、私のところへおいでになる方々から聞く苦労話の中でこれはどういうわけか共通しています。

本人を座禅のように座らせて瞑想というものをさせれば、御佛が力を貸して下さって治ると聞けば、やはりすぐに飛んで行きます。そんなことでカミは安直に力を貸してなど下さらないのですが、親として家族として、何か自分で助けられる手立てはないものかと思えば、ちょっとでもいいと聞けばそこへ行って何かしてもらおうとするのは当然かもしれません。

が、まことに残念なことにいい結果を手にすることはできません。

苦しみから脱出するためのこうした確信のない不安な彷徨は、まさに七転八倒のもがきともいうべきもので、のちに私とご縁ができて供養のすばらしさに触れると、どなたもが振り返ってみて「あの頃の自分は一体何をしていたんだろう」と、しみじみと述懐なさいます。

「ひょっとして奇跡が起きて、それまでの苦しみがまるで嘘のようにいっぺんに解消しやしないか、そんなことが起きてくれたっていいじゃないかと夢中で歩き回ったけれども、しかし、奇跡は何も起きてくれなかった。今、その頃の自分を静かに振り返ってみると、随分自分を立派な存在のように考えて暮らしていたことに思い当たる」

そうおっしゃっています。

自分をたいしたもののように思って暮らしていたということは、つまり「少なくとも自分というものにこんなひどい状態が襲って来るはずがない」と思って生きていたということです。

ほとんどの人がそうなのではないでしょうか。

カミすなわち御佛は、私たち人間にこうした苦しみを貴重な体験としてお与えになっているのです。

生きてこの世にあるということ自体がすでにそのためのものなのです。

が、誰もが幸せいっぱいであって当然と思い、苦しみがあればその体験から逃れることばかり考えます。この世に自分が生かされている意味になかなか気がつきません。

ところが、苦しみがあって知った「供養」によって、今まで迷っていた死者たちが安らいだ表情でもとのあるべき場所へと帰って行くことがわかって来ると、初めて人生の苦しみや自分というものの真実が、やっとかすかではありますが見えて来ます。

悟りというと、大変に難しいもののように聞こえますが、供養をして行く過程で、「人間は魂が本当の姿であり、肉体が消滅しても魂は永遠に生き続けている」ということを確信できるようになったら、それは悟りへの確かな入り口なのです。

ですから、悟りの境地というものにはどんな凡人にも到達できます。

偉い人だけしか到達できない高い高いものと教えられて来ましたが、そんなものなら教えていただく必要もないわけです。

どんな人でも心次第で悟れます。死後の魂の存在を確信して、それならば生きている今をどう生きるかがわかればいいのです。そうすれば死後ただちに成佛します。

死後は真っ白な空白であるなどと何もわからないくせに偉そうに決めてかかるから、死後に、魂が生きている自分に気がついてびっくりして迷ってしまうのです。だから、生きているうちにちゃんと天地大自然の真理を悟らなければいけません。

そしてその悟りは、この世の苦しい体験の積み重ねによってのみ得られるものです。

高い所にあるものだから普通の人間にはとても手の届かないもので、高い地位にまで修行で昇った高僧のみが到達するというように言われているのは、僧侶の権威づけのために作られた嘘です。こうした誰かの都合のために伝えられている教えや習慣が多いのでつい惑わされてしまいます。

僧としての修行と普通の人の俗世界での修行とは、その形が違うだけで僧であろうが俗人であろうが人間の修行はみんな同じです。人間としての体験、それが悟りへの入り口であり出発点なのです。

苦しみから逃れることを目的にしたものは、何をやっても無意味です。いつでもどこでも、何から何まで幸せであるという人生は絶対にありません。

ですから、治すということだそのことを目的にしていたのでは何をしてもいい結果を見せていただけません。

大事なところです。あわてずにこのところの理解からスタートして下さい。治るといういい結果は、カミが不思議な力でなさる奇跡で起こるものではなくて、天地大自然の法則そのものであるカミに従った正しい生き方をすれば、もしくは正しい生き方に改めれば、何も彼もが整うように自然にいただけるものなのです。

●思いやる心

お釈迦様は、恵まれていた生活を捨てて、人間のはかなさ、悲しさ、つらさを見つめるところから出発して大変な難行苦行を経験され、そして悟りの境地に達しました。

人間はどうしてこの世に生まれ出て来るのだろう、なぜ老いて病んで死んで行くのだろうと、自分自身の中にある人間としての最も根源的な不安・苦しみを、あんな大昔にきびしく直視なさったのですから、今更のようにお釈迦様の偉大さには驚くばかりです。

人間とは一体どういうものなのだろうかと、お釈迦様のようにはとても考えられませんが、ただ幸せの中だけにいて一生を過ごしたい、病いや苦しみに襲われたくない、襲われたら早く脱出したいとそればかりの人生では、生まれて来て生きている意味がないと言えます。苦しみがあるのが人間です。苦しみがあって当たり前です。その苦しみから何を学ぶかです。ところがこのお釈迦様から始まった佛教なのに、長い長い時代を経て今日にいたる間に随分変化してしまっています。

まず宗派がいくつにも分化してしまって、それぞれが宗派の祖、およびそれ以降に新解釈や新説を加えて独自の説を打ち出しています。更に、作法やしきたりにいたっては錯綜《さくそう》しているばかりか、意味の持たせ方などまことに独善的で、すっかりお釈迦様が見えなくなってしまっています。

本書の冒頭にも書きましたように、佛法ではなく商法をやっているインチキ佛教は論外ですから放っておくとしまして、伝えられるまま無反省に今もなお正しいつもりで続けている佛教が、それぞれ意見の異なる経典解釈にしがみついているうちにお釈迦様の教えからはるか遠い別のものになっているのではないかと思えてなりません。

ひょっとして重大な間違いをしているのに、頑固にかつ平然と「これが佛教なのだ」と言って暮らすばかりか、人にも説いて歩いてしまっているかもしれません。

実際、いつの時代にどんな僧が何を考えて始めたことなのか、とても今からでは調べようもないいい加減な慣習や作法が、今もなお、もっともらしくまかり通っている事例にいくつもぶつかります。

簡単な例で申しますならば、死者をただ不浄なものとして忌み嫌って、避けたり隠したり払ったり、数字の四は死に通ずるなどという馬鹿馬鹿しい慣習をそのまま守ったり、枚挙すればきりがないほどです。

佛教は人間の生を考えるために「死」を見つめる宗教であったので、いつのまにか僧は「死」を取り扱う人という位置付けとなり、やがて葬式を取り仕切る専門職という側面を持つことになりました。

また、目に見えない世界のことを取り扱う人ということで、目に見えないものに対して人間の意思を通じさせてくれる専門職という側面も備えました。

佛教本来の大事な教義はいつの間にか学問的な研究対象だけになってしまい、長い年月の間に佛教の教えの対極にある物欲オンリーの大衆パワーに押されて、この二つの専門職の側面だけが「佛教」の名で今まで生き延びて来たようにさえ感じられる現況です。

ですから、金を儲けて長生きしたいという、ただこれだけの、本当にたったこれだけを言い続けている大衆の愚かな願望に対し、それをたしなめるどころか無反省に迎合して、商売繁昌・病魔退散・健康長寿をカミに向かって祈ることが当たり前になってしまっています。

佛教の正しい教えはどこへ飛んで行ってしまったのでしょう。

人間のこの世は裏と表をないまぜるものと言います。佛教がそうなら大衆もまた性懲りもなく自己中心・物欲追及の暮らし一筋に突き進んで、果てしがありません。

信仰していますというので感心な方だ立派な方だと思ってよく見てみますと、何のことはない、佛像や守り札をカミそのものとして、それに向かって自分にいいことだけをひたすらお願いしているだけのことでした。これは信仰でも何でもありません。

長命でありますように、儲かりますように、病気はすぐ治りますようにと、そんなことばかり一体何に向かって祈ろうとするのでしょう。

そうしたことを本当に願うなら、いっそのことこんなつらいこの世には生まれて来ませんように、今の自分は絶対に死にませんようにと祈って頼んだらどうでしょうか。
そのどちらも、祈って頼んでみたところでどうにもならないとわかっているのなら、この世の生きるも老いるも病むのも死ぬのも、みんなカミから与えられる大事な体験と早く知ることです。

信仰しているつもりで、いいことでもしているつもりで、自分中心の願いごとばかりしているよりも、とにかく、死者と魂・意識を通わせることです。

死者を思いやることです。供養をすることです。

精神病という端的な現象を見せられたことは、人間としてしなければならない大事な体験を早く確実にさせようとしたご先祖がいたということであり、カミもまたそのようにご手配なさったということです。心底からカミに感謝しなくてはなりません。

三、姑息《こそく》な因習

●父系だけが先祖ではない

東京都内に住む五十才と四十七才のご夫婦のことです。

この夫婦は三人の子持ちでしたが、長女が高校二年生の頃から精神病の兆候を示し、困った困ったと言い暮らしているうちにだんだん奇言奇行が増えて来てしまったので、二十歳になった時に夫婦相談の上ようやく精神科に長女を連れて行ってみました。

覚悟はしていたものの医師の口からかなり重い分裂病と宣言されてしまうと、夫婦は途方に暮れるばかりで、これから先どうしていいものやら考える力も出て来ませんでした。

近所に住む人に勧められて新興宗教に入り、一生懸命お経もあげてみましたが長女はますます症状が重くなって、ついに入院ということになってしまいました。

新興宗教が駄目ならと、祈禱師などの噂を耳にすればどこであろうと訪ねてみたのですが、さっぱり長女にいい変化は見えて来ません。

不思議なものでご家族がこんな状況になって初めて、たいした数も出ていない私の本に偶然出会って一気に読んでしまったという方が多いのですが、このご夫婦も最後の望みを賭けるような気持ちですとおっしゃって私を訪ねてみえました。

いろいろ娘さんの様子などを私に説明したあとで、こんなことを話し始めました。

「私の母親は七年前に亡くなったのですが、その時に、近所のお寺さんに預けたままにしてあった親父《おやじ》の遺骨と一緒にしまして、新しい墓地を買ってそこに二人を納めましたのです。経済的にはちょっと大変でしたが……」

「それはよかったですね」

「それからは特に墓参りにもよく行きましたし、親父《おやじ》もお袋も喜んでいると思うんです」

このご主人が何を言いたいのかが私にやっとわかって来ました。

大金を無理してお墓を造り、そこに両親の遺骨を納めるという実に親孝行なことをしているのにどうして娘がこんな目に遭うのかわからないというのでしょう。

失礼ですが、私の本をお読みになったとおっしゃる人でも、この程度の理解しかしていらっしゃらないケースがほとんどなのです。

「お墓のことはなかなか感心なことと私も思いますが、しかし、あなたに頼って来る死者たちというのは、あなたの両親というような近い人たちでは無いかもしれないのですよ」

「というと……？」

「あなたのお祖父さんお祖母さんとか、さらにその上の曽祖父母とかその兄弟とか……」

「そんな昔の人なんかまるで知りません」

「昔なんかではありませんよ。あなたが知らなくたって向こうではあなたをよく知っているんです。で、ご先祖さんたちのお墓はどうなっているのですか？」

「私は知りません」

「知らないとはどういうことなんでしょうか」

「祖父母についての話さえ私は親父から全然聞かされたことがありません」

「でも、それにしても何県何村とか、お父さんの生まれ故郷のことなど少しは聞いたことがあるでしょう」

「そりゃまあ多少は聞きましたが、父はどうも故郷の話をするのが嫌いだったようなのです。父は末っ子だったし、十三才で東京に一人で出て来てたった一人の力で一家を作り上げたのを誇りにしておりまして、いつも口癖のようにこう言っていました。俺がこの家の先祖だ、古い先祖だの親だのは田舎で俺の兄貴たちがちゃんと面倒みているんだから放っておけばいい、いや、うちは知らん顔していなくてはいけないんだ。だから、俺と母さんの二人が死んだらお前たちがちゃんとわれわれ一家の墓を新しく造ればいい、と」

やはり想像していた通りでした。

人間、親もなしに生まれて来ることはないのですから、先祖も曽祖父母・祖父母もいない人間など一人もありません。

が、たった一人の男が、生家での自分の扱われ方か何かに妙にひっかかって、こんなようなことをわざと偉そうに言い続けることがしばしばあります。

そして、死んでしまうとまず百%あわてることになります。反省して困り果てて結局はわが息子に助けを求めて来ることになります。

ここに捨ててはおけない問題があるのです。

この父親もその息子も、本家という所が先祖も曽祖父母も祖父母も、更に両親までも全部面倒みているのだから、自分は何もしなくてよい、してはいけないと考えていたことに重大な誤りがあるのです。

こうした考えに何の疑問も感じていない日本の風習のために、子孫に精神病がでてしまっているのですから絶対に捨てておけません。

この因果関係は、私が取り組んで来たたくさんの精神病の大部分を占めています。それだからこそ私はムキになってこのことをやかましく申し上げています。

そもそもは儒教の影響なのでしょうか。私は日本の長い貧困の歴史が作り上げた姑息な知恵だと思っています。

たった一人にしか田畑という財産を残せなかったために作られた風習です。田畑を譲り受けられなかった次男以下は、その代わりに金のかかる佛事・法事からは特別に解放してやるという、誰の知恵かわかりませんが貧しいとはいえ何とも情けない取決めではありませんか。

「それが一番いいのだ」と賛成したか黙認したか、いずれにしても佛教者が関わっていなかったはずはありませんので、私はそのことが気になって仕方がありません。

しかし、その佛教者に対して今のような豊かな時代からあれこれ非難めいたことなど言ってはいけないほど厳しい貧困の時代だったのかもしれません。

ですからそんな昔の時代には、この風習によって勝手に生きろと投げ出され、そういうものだと納得して親や先祖と縁を切った次男以下は、親も先祖も忘れてただひたすら食うことだけを考えて暮らして、そして死んで行っても死後に何の後悔も起きなかったのかもしれません。ところがどうですか。今は民法からしても家は一戸一戸夫婦単位のもので、昔式の本家・分家は存在しません。

自分の親は、戸籍は別建てですが意識の上では捨てても捨てられもしない親としていつまでも存在します。

それなのに、昔のままにこの風習、いや否定的な意味をこめてあえて因習と言いましょう。この因習を盾にとって先祖の祭祀という面倒で金のかかることから逃げ回り、理由として屁理屈をつけるだけつけて怠けてしまったのですから、死んでから後に後悔することになってしまうのは当然です。

この事例の場合もっと困ったことに、自分が即ち先祖であって自分の上に先祖はいないと言った父親は、自分自身も幼い頃に自分の祖父から同じことを聞かされて育っていました。つまり、祖父にあたる人も生家を出されて分家を興した人だったのです。そして、子供にも孫にも先祖のことを少しも伝えず、先祖を思い先祖をしのぶ暮らし方を一つも教えていなかったのです。

そんな家系の中でまたまた分家を作って、祖父同様に自分の子供や孫に大切なことを伝えなかったのですから、この家に代々の親の後悔が、増幅し合い重なり合って渦を巻いていたとしても当り前です。

こんな古い時代の因習を、先祖供養を怠けるための屁理屈に使って金儲けだけのために生きてしまって、そのために可愛い子孫に精神病を出してしまう、そんな一生のどこがいいのでしょうか。


この本家偏重・長男偏重のばかばかしい因習は、今挙げた事例のように、社会的に一人前のポジションを占め、人並みの教養を備え、そしてしかるべき年格好となっているというのに、それなのに恥ずかしくもなく平気な顔で「うちには先祖はありません」とか「祖父母は会ったこともないので全然知りません」などと言ってしまう子孫を作ってしまっているのです。

さらにまた、本家という思想からの延長で、父親の父親、そのまた父親という、いわゆる「父系」の縦の一本線だけを先祖と思って少しも疑問を持たない人間の実に多いこと。

皇室ではあるまいし何を根拠に父系だけを先祖としてしまうのですか。

父親と息子だけが縦の親子であとは何なのですか。ただ虫のように生きているだけの人なのですか。

母親の母親、そのまた母親という大事な人たちはどこへ消えてしまったのですか。

母親の母親、そのまた母親という「母系」は先祖ではないのですか。

女性は跡継ぎの男性を作るだけの機械なのですか。

いくら昔とはいえ一体どんな偉そうな人が、母親・祖母・曽祖母は先祖ではないように扱うことを決めたのでしょう。

昔からの教えというだけで、このことだけに限ってさしたる疑問も感じないで頭から従ってしまうのは一体どういうわけなのでしょう。教養ある現代人がなぜこのことだけ封建時代そのままで生きて平気なのでしょう。

私が「因習」と、怒りを込めて呼ぶ意味はここにあります。

四、あれは構わぬそれはほっとけ

●忘れられた妻の実家

「母方のお祖母さんというのは、私が生まれて間もなく亡くなっていますので、私は顔も全然知りませんし……」

これも、子供の精神病で苦しんでいる或る女性の言葉です。

顔を覚えていないというそれだけの理由でこの女性は、母方の祖母をなぜ自分が供養しなければならないかとためらっているのです
自分が相手の顔を知っているかどうかなどということを口にするほど子孫は偉くも何ともありません。自分だけをいつも中心に据えて生きているからこんな愚かなことを言ってケロリとしているのです。

顔を覚えていないのは自分が赤ん坊だったからで、相手のお祖母さんは自分のことをよく覚えています。

まさかそれほどと思えるほどに克明に、何から何までよく知っています。

この女性の母親が、生まれたばかりのこの人を抱いて、実家の母親、つまりお祖母さんを訪ねたであろうことは容易に想像できます。

お祖母さんは孫を抱き上げます。お祖母さんの孫可愛いやの思いは、腕の中の忘れ得ぬ触感とともに何十年残ろうが少しも不思議ではありません。

このお祖母さんがもしこの世に意識を残していたならば、いつでもどこでも孫のこの女性を見つめています。

「あの子は今右を向いている、今度は左を向いた」

と、赤ん坊の時と同じようにこの孫から目を離しません。

「結婚したか。いいご亭主で良かったね。子供ができたか、大変だね」

生きているつもりですから、四六時中この人のことを思い続けています。

それなのに、この女性はお祖母さんのことなどただの一度も考えたことはありません。思い出すどころか頭に浮かべたことすら一度もありません。

私に聞かれても、

「顔も知りませんからそんな人のことを思い出せと言われても無理です」

と言って逃げ腰です。

子供の精神病のことを考えれば、無理だとかできないとか言っている場合ではないのですが、この人に母方のこのお祖母さんの気持ちを心から思いやることができない限り、症状の好転は一歩たりとも望めません。

しかし、この女性も哀れです。

おそらくこの人の母親は夫や舅・姑によく仕え、自分の実家の母のことなど一切忘れて働いたに違いありません。

夫つまり父親も、その両親である舅・姑も、妻は嫁に来た以上その家の先祖にもよく仕えるのが正しいことで、実家のことは実家の男子に任せておけばいいのだと考えていたでしょう。本人もその通りに教えられて来ています。ですから自分の娘にも実家のことはほとんど語らなかったのでしょう。

しかし、もうこの世に肉体を失ってしまった今となってみれば、せめて娘には、誰に遠慮することなく自分の母親の思い出話などたくさんしておくのだったと、きっと悔やんでいるに違いありません。

父系偏重という因習の裏で、母系の著しい不当な扱いが今もって続いているのには本当に驚くばかりです。くどく申すまでもないと思いますが、私は民主主義を説いたり男尊女卑の非近代性を非難しようとしているのではありません。

こんな因習ともいうべきものを親たちが平気で踏襲しているために、可哀想に子弟が精神病になっているということを言いたいのです。

私は毎日取り組んでいる「事実」から確信をもって問題を提起したいのです。

「あれはいいんだ」

「うちでしなくても構わないのだ」

「そんな筋はほっといてもいいのだ」

何を根拠に「あれは構わぬそれはほっとけ」と縁深い死者たちを差別するのでしょう。

●知らない兄弟がいた

幼い時に亡くなった死者の扱いもひどいものです。

育たずに生後間もなく死んでしまった子供とか、一才二才というような幼い年ではかなくもその生命を閉じてしまった可哀想な子供たちに対して、

「親よりも先に死んだ親不孝な子供なのだから、そんなに丁重に供養しなくてもいい」

などという言い伝えがあるのを時折耳にします。

一体、どこのどんな人間が偉そうに言い出したことなのでしょう。

ひょっとしたら、いつまでも嘆き悲しんでいる親を励ます意味でこんなことを言ったのかもしれませんが、そうとすれば何と姑息な方法でしょうか。生きている者のことばかり考えて、死者についての思いやりはいつも二の次三の次です。

とにかく小さな子供の死者となると、大人で死んだものとは明らかに差別した取扱をして平気でいます。

身体の小ささのために、一人前の人間ではないという軽んじた扱いを当然のようにしています。

相撲取りの魂は大きいけれども赤ん坊の魂は小さいというように、魂は身体の大小によって大きかったり小さかったりしているものではないのは言うまでもありません。一人の人間は身体の大小や形状に一切関係なく一つの尊い魂を所有しています。

それなのに、こうした小さい時に死者となった人たちを粗略に扱ってしまったために、次の世代そのまた次の世代に、この死者がかつて短い時間ではあったけれども確かにこの世に生を受けて存在していたという大事なことが伝わって行かないのです。

このことが大きな間違いとして影響して来ます。

幼くして死んだ兄弟のことを親から一度も聞いたことがない、だからその存在さえ知らなかったという人が驚くほどたくさんいます。

自分の兄弟は三人ですと言い張っていた人が、自分の子供の精神病がきっかけで調べてみたら、自分の兄弟というのは、父親と先妻の間の兄姉を含めて結局は五人だったというようなことが実に多いのです。

この先妻の子である兄と姉はそれぞれ一才二才で亡くなっていたのですが、父親は再婚すると新しい生活を育てるために、先妻と一緒にこの子たちのことも過去のものとして忘れて生きてしまったのです。

そのために次の世代が、血を分けた兄弟をしのぶどころか存在すら知らずに何十年も生きて来てしまったことになるわけです。

後妻の子供たちに異母兄弟の存在をきちんと伝えなかったことを、今、父親が激しく後悔しています。

こうした親を安心させるためにも、幼くして亡くなった兄弟姉妹についてすべてを完全に知っておきたいものです。

兄弟姉妹の厳粛な存在の事実も知らずに暮らしていて、それで平穏無事に済むわけがありません。

いい加減な教え・因習のために死者たちの意識作用を招いている例はまだまだいくらでもあって、事例を選ぶのに骨が折れるほどです。

●後悔のタネを今作っている

妻が亡くなって何年かして後妻をもらった人がありました。

先妻さんは身体が弱かったせいか子供に恵まれませんでしたが、後妻さんは三人子供を産みました。

後妻さんは夫には先妻があったことをもちろん承知の上で結婚しましたが、夫は後妻さんとの生活を始めてからは、先妻さんについてのことは一切口にしませんでした。

新しい妻と新しい家庭を作って行くのに、前の女房はこうだったああだったと一々口に出していたのでは新しい家庭もすっきり行かないし、後妻に対するエチケットとしても先妻の話題はふさわしくないと思ったからです。

後妻さんもこうした夫の配慮をつまりは自分への愛情と考えて感謝して暮らしました。

これはこれで夫婦円満ということで結構なのですが、さてそれから約四十年の年月が経過したと思って下さい。

夫も後妻もみんなこの世を去りました。この家に住んでいるのは、後妻さんが産んだ長男の家族です。長男といってももう四十代の働き盛りで、子供も二人います。

そして、この子供の上の子に異常が起きてしまったのです。

主人である長男とその妻の涙ぐましい苦労が始まりましたが、ここで先に明かしてしまうならば、意識を送って来た死者たちの中で一番強い思いを示していたのは、長男の父親つまり、例の夫でした。

夫は後妻や子供たちと平和に楽しく暮らして死んで行ったのに、何を長男に訴えて来たのでしょうか。

夫は、死んでみたら突如として、先妻を忘れることにして築いた後半生が強烈に悔やまれてならなくなったのです。目先の幸せを追うことばかりに心をくだいて、前の妻のことをすっかり棚上げして暮らしてしまった、申し訳ないという思いです。

もちろん頭の中から完全に先妻を忘れ去っていたわけではないのですが、死んでしまったものは帰らないし、この世に出て来て文句を言ったりすることもないのですから、自分によく尽くしてくれて子供まで作ってくれた後妻のためにも、全部忘れてしまおうとしたのです。

ところが、死んでみると先妻のことが忘れているどころか次から次へと事細かに思い出されてしまうのです。

先妻と結婚した頃は、まだ自分も年が若かったために収入もごく僅かで、毎日が食うのにやっとという暮らしだった。そんな中で、もともとあまり丈夫でないくせに共働きに出たりしたものだから、とうとう結核になってそして死んでしまった。思えば哀れな女だ。

それなのに自分は、しかるべき年になって収入も増えてからのいい暮らしを全部後の妻にだけさせて、それで少しも先妻に済まないと思うことも無く来てしまった。

後妻とうまくやって行くことばかりに心をくだいて、先妻の供養というものを何一つしなかった。

後妻にもきちんと話して、子供たちともども先妻の供養をするべきだった。

息子よ。先妻は確かにお前とは全く血の繋がりの無い女だ。だが、お前の正真正銘の父親が最初に妻とした女なんだよ。お前に頼むべき筋合いでは無いかもしれないが聞いてほしい。どうか、今何もできずに困っているこの父親に代わって、この女の供養をしてくれないか。

こんな訴えを父親から受けることになった長男の方も、実はこの父親の先妻のことを全く気にしなかったわけではありませんでした。

まだ子供であった頃は、それこそ百%血の繋がった父と母の愛のもとで幸せいっぱいに育って来ましたので、自分の母親の前に父親の先妻というものが存在したなどということは一切知りませんでした。

しかし、今はもう立派な一人前の一家の主人です。父親の先妻の存在をすでにちゃんと承知しておりました。

ところがさて、この先妻を自分としてどう考えたらよいものか、特に、佛事に関してはどういう取扱いにするべきかさっぱり見当がつかない。一度どこかで教えてもらおうと思いつつどんどん年月が流れていたという状況だったのです。

血が繋がっているとかいないとかに、この長男はそれほど拘《こだ》わっていたわけではありません。この長男の頭の中にかすかにあったものというのは、父の先妻は自分たち一家とは別の家系の中にある人ではないのかということです。

つまり、自分の母親と、父親と、そして自分たち子供というのが、この長男にとって忘れることのできない懐かしきわが家ですので、その中に父親の先妻というのをどうもすんなり含めて考えることができなかったのです。

そうかといって理屈で考えればそんなに遠い間柄の人でもなさそうだし……というところで思考がストップしたままになっていたのでした。

確かにこの先妻さんの供養というのは、死者である夫がしきりに気にしていた通りに、事実、誰からもされていませんでした。長男が、ふと、どこかの家でしてもらっているかもしれないと思いましたが実際は全くどこからも見向きもされていませんでした。

では先妻さんの実家では、この女性がどういう扱いになっていたのでしょう。そこにぜひ注目していただきたいと思います。

実家では、先妻さんは今ではお祖父さんの妹という位置になっていました。しかも、この女は他家へ嫁に出た女であって、うちの佛さんではないという処理をされて久しく時がたっていました。今現在生きていようが死んでいようが、お嫁さんに行ったらもうわが家の人間と思う必要は無い、思ってはいけないというしきたりを後生大事に守っていたということです。

死んだら婚家先で一切の佛事をするべきで、実家はその女の親が生きている間はともかく、次の代になったらもう他人なのですからビタ一文出しませんよと、ここでも貧困の時代に作られた情けない因習が生き延びていたわけです。

夫はこのことをよく承知していました。実家では供養してもらえない、自分もしなかった、自分の子供たちもしないというのでは先妻が可哀想でたまらない、おい息子よ……ということになったのです。


このように先妻というものが比較的粗略にされているケースが多いので、再婚という形から数代たった後に起きた何かの障害を、すぐいい加減に「先妻さんの祟りです」などと言って脅かすインチキ霊能者がはびこっています。

確かに、この事例の場合でも、先妻さんの供養が大変重要なこととなりますが、先妻さんが怒っているからとか恨んでいるからとか、そんなことで供養するのではありません。

必死の思いで先妻の供養を望んでいる夫に代わってするのです。苦しい思いから解放されるように、夫の魂と同じ立場に立って先妻さんに詫びるのです。

いかがですか。精神病を生んでしまう原因の多くが、大昔のままいまだに引き摺っている因習にあり、そして、そのことに理屈っぽい現代人が平然としている事実にお気づきいただけたでしょうか。

そしてまた、祟っているから拝んで治そうというようなことでは少しも核心に触れて行かないということもご理解いただけたでしょうか。

五、勝手気ままな体裁づくり

●世間体が先に歩く

今から五十年ほど前のことです。或る農村地帯の豪農と言われている家で自殺がありました。当主の末の妹で、十九才。兄を手伝って田畑の仕事や養蚕でよく働いていたのですが、失恋が原因で納屋で首をくくりました。

さあ当主の兄はあわてました。

「えらいことをしてくれたもんだ。俺の娘はもう十五才になっているのだから縁談もそろそろ始まるところじゃないか。なのに、叔母に当たる人が首をくくったとなったら大抵の縁談はすぐに壊れてしまう。困ったものだ」

と、直ちに親族の大人全員を集めてこう言いました。

「心臓麻痺ということにする。絶対に自殺だなんて口に出してはいかん。いいな」

警察にも顔がきいていたので、自殺を内密にしてくれるよう頼みました。

「大丈夫だよ。警察がそんなことを言い触らしたりするものか。検死の結果明らかに自殺となって、そのように処理も済んだのだから、あとは心臓麻痺だろうが何だろうがそっちの好きにすればいい」

「ありがとうございます。では、そうさせていただきます」

ということになって、すぐに葬式を出して、大急ぎで火葬にして墓へ放り込んでしまおうとします。葬式となれば、いかに簡単に済まそうとしても近所の人が聞きつけて飛んで来ます。来れば質問します。

「一昨日お元気な妹さんをお見掛けしたのに、どうして急に亡くなったのですか」

「はい、急な心臓麻痺で……」

「それはびっくりなさったでしょう。で、どこの医者へ担ぎ込んだのですか」

「はい、それがちょっと知り合いの……」

狭い村の中で嘘をつき通すのは大変な苦労です。

そんな時にこの当主の末っ子の坊やが父親に質問します。

「叔母ちゃんはどうして死んだの？　心臓麻痺ってなあに？」

弔問客に汗を拭き拭き嘘を並べていた当主は坊やを怒鳴りつけました。

「子供は何も知らなくていいんだ。あっちへ行ってなさい」

坊やは父親の剣幕にびっくりして、聞いてはいけない何かがあったのだと子供心に納得して、二度と叔母さんのことを口にしませんでした。

一族の中で、この自殺した若い女性に関する話題は、当主の考え通りぴたりと消えました。一族挙げて蓋をして、みんなで揃って忘れました。

そして、五十年が過ぎての今です。

自殺者というものは、死んでもまだ自殺前とまったく同じ悲しみ・苦しみが意識の中に残っているために、自分はまだ死んでいないのだという気になっています。ですからよほど特別の思いを込めた供養でもしない限り、まず成佛しません。

妹の悲しい死よりも世間体の方を大事にした当主も、自分がこの世から離れてみて初めて自分がした処置について後悔しています。妹に今になって詫びたくなって困っていることでしょう。とするとこの人も浮かばれないまま地上をさまよっています。

それなのに、子孫はこの死者たちの事情を何一つ知ることなく今を生きています。

例の当主の末っ子だった坊やですが、父親の剣幕にびっくりして以来叔母の死を頭の中から消去してしまったまま五十年を生きて、お祖父さんと呼ばれながらつい最近にこの世を去りました。

こうなってしまっては、この家にかつて自殺者があったということすらまさに闇の彼方のものです。

実際にこの家の今のご主人は私にはっきりこう言いました。

「うちの先祖に自殺した人ですか？　いませんね、一人も。そんな話聞いたこともありません」

世間体を取り繕うためのこんな形で忘れ去られている死者は、どこのお宅にも必ずあるといってもいいほどです。

綺麗に整っているように見えていながら、実は作為に満ちている家系というのも想像以上にたくさんあります。そうした作為のために、子孫が真相を把握できないまま精神病などで苦しんでいることを思うと本当にやりきれない気持ちです。

幼い子供が死ぬと、親戚知人に声をかけて大騒ぎしては申し訳ないと、葬式もろくにしないで土に埋めてしまったこともたくさんあります。この場合、葬式をしていないので記録が残らず、従って記憶している人が死ねば、誰がいつ生れていつどうして死んだのかも子孫には伝わりません。

そうしたことが「わからなくても仕方がない」という風潮を生み、更に「わからないことはほっとけ」になりました。貧しかった時代とはいえ随分長い間、日本人は勝手なことをして来たものです。

どうすべきだと指導的なことを言うべき立場の宗教者もいたでしょうに、彼等がいつでも「それでいいのだ、仕方がない」と、そればかり言っていたような気がして、そのことが特に残念に思えてなりません。

●都合ばかりが大切で

さて、勝手気ままな体裁づくりの最たるものは、現代にも非常に多い「養子」に関わるものです。

養子とはご存じの通り、子供のいない家がよその家の子供をもらい受けて、自分の子供とすることで、考えてみれば自分に都合のいい形を作るにしては相当無理な手段と言わなくてはなりません。

この世に生まれて来る時に、犬や猫ではなくて人間として生まれて来たのは自分の意思でも何でもありません。すべてカミという大きな摂理によって定められるもので、かりに犬に生まれたとしてもそれは当然のことで文句を言ってどうなるものでもありません。

また、人間は男女が夫婦になると必ず子供ができると考えていますが、どうしても子供ができないで困っている夫婦もたくさんあります。が、子供ができるのもできないのも、それはすべてカミすなわち天地大自然の法則・摂理・定めによるもので、できないので困るというのは、人間の勝手な望みと言わなくてはなりません。

カミは子供無しの夫婦としての体験を求めておいでなのに、それを勝手に嫌がって子供をどうしても手にいれようとして、とうとう他人の子供を形だけのわが子にしてしまうわけですから、それだけでも本当はカミの法則に違反しているのです。

いやとんでもない、子が無いということは跡継ぎが無いということだ、自分たち夫婦が死んだらそれで何も彼もが終りというのでは侘《わび》し過ぎるではないかと反論される向きもあるでしょう。

しかし、もし土地・田畑・家屋敷その他の財産がまったく無い家であったなら、それほど跡継ぎについて心配しないのではないでしょうか。

言い方を変えてみましょう。

自分で苦労して作った財産が、自分たち夫婦の死後にどうなってしまうかわからないのが怖いのです。子供があれば迷うことなく自分たちの大事な財産を子供にそっくり残して行くつもりでいるのですが、無いとなると人工的・形式的な縁でも構わないからとにかく養子を迎え、自分の意思でその養子に財産を渡したいと考えるのです。更に、財産を渡す以上、死ぬまでは実子のように孝養を尽くしてもらいたいという欲も加わります。

ところが、死後は魂だけの澄み渡った世界で、物質的なことは一切無関係です。財産などというものはまったく無用の物なのですから、そんなことまでして残す方法を考えなくてもよいはずです。子供が無いのなら、それはカミのご意思なのですから無いままでいいではありませんか。死んで持って行けない財産なら、自分の死後にこまっている人に分けるとか、公共の役に立ててもらったりすればいいではありませんか。

そうなのに、こだわって養子をもらいます。

いい養子が来てくれたと喜び、孫ができれば後々までの跡継ぎができたと大喜びです。

それなのになんとも不思議なことに、夫婦は養子に来た者の両親に対してまずほとんど感謝をしていません。立派なありがたい養子を自分に与えてくれたのにです。掘り下げて考えては気の毒かも知れませんが、ずばり言うなら、もらった養子に大変な財産を渡してやるのだという気があるからなのです。

養子に来た子も、実家には必ず兄がいるわけですから実家のことはもう見向きもしません。ひたすら養父母に孝養を尽くします。実の親子ではないのに実の親子のように親も子も振る舞って、そして年月が流れてすべての関係者が死者となります。

その頃に子孫に困ったことが発生します。

調べてみると、この世のものにすがって来る死者たちの思いが、この「養子に来た人の実家」というものに集中していることのいかに多いことか。

小糠三合あったら養子にやるなという古い諺があります。これは、どんなに生活が苦しくても、もし小糠がたったの三合でも残っているのだったら絶対に子供を他家へ養子に出したりしてはいけないということです。要するに、養子に出すと先方に馬鹿にされても感謝はされず、しかも、養子に行ったわが子は先方にばかり孝行して実家の困窮には知らん顔になるということを言っているのです。

が、古い諺はもっと奥の深いものを私たちに教えていたのかもしれません。すなわち、死後に後悔に苦しむ元となるぞと……

とにかく、子供が無くて財産があるならば、養子など迎えずに遺言で福祉にでもそっくり寄付して下さい。何代か前に養子に来ている人がいたら、その実家を忘れずに一層念入りに供養して下さい。近いところに養子の形があったら、今からでもその実家の人たちと親しくおつき合いをして下さい。

養子一人でもこんなに大変なのに、ご先祖がもっともっと勝手な体裁づくりをしていることがあります。

いわゆる夫婦養子というもので、養子に妻を、養女に婿を迎えたというように夫も妻もその家とは他人の所から来ている、つまり、まったく血の繋がりのない者二人が或る家を継いでいる場合がありますが、そんな家でこんなことがありました。

夫の方の実家で、父親と、一人残っていた兄と続いてばたばたと亡くなってしまい、家業ができなくなった上に、寝たきりの母親一人という状況になりました。そこで婿さんである夫は、養家の両親がもうこの世にないことでもあるし、家をたたんで実家へ戻ることにしました。姓も、戻って家業を続けるには実家の姓にした方が便利なので、それもそうしました。

妻もそういうことなら妻として夫に従いますということで、くっついて来ました。そして世間体もあるので夫の姓に変えました。これでは死んだ養父母があまりにも哀れというものです。夫婦二人で養家を出てしまったわけです。これでは死ん養父母も財産を見知らぬ者に取られてしまうよりは、自分で作った跡継ぎに渡そうと無理な形を作りましたが、養子たちもまたそれ以上の強引な、手前勝手な形を作ってしまったのです。いずれにしても、生きている間は「何が一番便利か、得か、都合がいいか」だけで行動して、死んでしまうと途端に、自分がとった行動のために悲しんだであろう人のことが滅多やたらに気になって「どうしよう、どうしよう」と悩み苦しむのです。

その結果がどういうことになるか。もう読者の皆さんのよく知るところです。

●無理が後悔を生む

前にも申しました通り、子供ができるのもできないのもすべてはカミ・御佛・自然の法則によるもので、便利さや都合で人間が形を整えても所詮は、無理なギクシャクしたものにしかなりません。しかもその上に、死後の後悔の重大なタネになるのですから、カミがなさる領分へ人間は軽々に足を踏み入れてはいけないと思います。

今ここに挙げた例だけではなく随分いろいろなことが人間社会では行われています。

他人ではなく親族の中、たとえば甥や姪を養子にするとか、また、先妻の子だからなんとか「他人」にしてしまいたくて養子に出してしまうというのもあります。

娘の生んだ私生児を、世間体を考慮して娘の弟妹つまり自分の子ということに戸籍まで整えてしまうこともたくさんあります。

妻が死ねば妻の妹が後妻になったということもかなり行われていますが、どれもこれも、世間体を気にしたり、財産を他家に散らさないようにという欲の都合だったりで、本来ならカミの法則のままにお任せしていなくてはならない部分を、人間が手前勝手に動かしたものばかりです。

「うちの家系はなんとも複雑で困るんです。出たり入ったり、親戚同士で結婚したり別れたり、養子に行ったり戻ったりで図にかいてもよくわからないのです」

そうおっしゃる方がありますが、わからないでは済まないのですからたまりません。少なくとも自分以後にこうした無理は絶対に作らないことです。

「そうなんだぞ。してはいけないことを人間はしてはいけないのだ。人間は本来たいしたものではないのだから、何でもできるつもりになって勝手をしては駄目だ」

今、後悔している先祖たちが、そう私たち子孫に教えるために、一つ一つ馬鹿な形づくりの見本を見せて下さっているのではないかと私には思えてなりません。

死者の意識の現れかたが激しく、しかも暗く重苦しいために、たとえば殺されてしまって無念でならないとか、死者をそういう怨念や怒りの塊にしてしまった原因があるに違いないと、つい考えがちです。しかし、それはどうもこの世のあさはかな知恵でしかないようで、いろいろなことの被害者より加害者の方に、より強い反省と後悔が押し寄せるようです。

ですから、前述の養子関係のことなど、何でもないちょっとしたことのようですが、申し訳ないことをしたという悔悟の思いというのは、この世からではとても想像できないほどに辛いもののようです。

こんなこともあります。

まだ幼い子供を三人残して夫が戦死をしてしまいました。

妻は途方に暮れましたが、三人の子を連れての再婚などはとても考えられる時代ではありませんでしたし、それよりも毎日をどうやって飢えずに暮らして行くかそのことだけで精一杯の日々が続きました。

それこそ筆舌に尽くし難い苦しい生活でしたが、妻は子供たちのために一生懸命働き通しに働きました。

そして三十年四十年と月日がたち、子供たちはみんな立派に成長しました。

ここまでのお話は、涙なくしては聞けない一人の女性の奮闘記というか一種の美談に違いありません。こうした婦人があの戦争以後たくさんいらっしゃいました。

夫が戦死ではなくても早くに亡くなってしまって、そのために女手一つで今も頑張っている人だって大勢いらっしゃると思います。

問題は、こうした女性が、食べて行くためにと夢中で頑張って来たことだけにしがみついてしまうことです。

自分が年を取り、子供が一人前になっても「お金お金」と物質的なことだけを唯一の拠り所とする姿勢は少しも変わらず、自分が長い間一生懸命だったという思いが強すぎて、すべてが自己中心的になり他人さまのご好意にはとんと気がつかない。こんな年寄りになりがちなのです。

そして一番困ることは、亡き夫を完全に忘れ去っていることです。

つらい時苦しい時に、もし夫が生きていてくれたらと何度も思ったことでしょう。が、思ってみたところで何の足しにもならない、天国から助けにも来てくれない、夫はもう本当に「無」だ、考えるだけつらいから損だという具合になって行って、とうとう亡き夫について少しも考えない暮らしとなったのでした。

それはそれで、この世の目で見れば同情も理解もできるというものですが、さて、この婦人が死んでみた時にどうも急に魂が平静でなくなるようなのです。

子供たちのためというあの必死の思いというものは、自分だけが長年苦しんで来たものと考えていたのに、死んでみるとどうもそれは間違いだったようだ。若くして無念の戦死をした夫もまた子供たちに絶えず思いを寄せ、妻である自分の労苦にいたわりの思いを送り続けていてくれたのだと知ってあわてるのです。

その夫のことを何一つ思わなくなってから何年たってしまったのだろうか。夫だった人の顔さえ思い出せなくなりながら、自分は自分一人で生活と戦っている気になっていた。

自分が死んだ今こそやっと人間らしく夫に言える。「子供たちはこんなに立派になりました」と。

そんな心になれた今、生前の日々への強い後悔に魂が揺すぶられるのでしょう。子供に頼って夫への供養をひたすら求めて来ることになります。

夫はいない、子育ては大変だということで、もし夫が生きていたらとても許されないことまで彼女はしたかもしれません。そんなことまでいっぺんに思い出してしまうのです。

後家の頑張りとよくいいますが、人一倍苦労したという意識がかえって死後の迷いを作り出してしまうのです。

なんだか可哀想な気もしますが、しかし、こうした女性の死者が驚くほど多いのも事実です。夫を亡くした方、夫と別れた方、自分の子供は決してあなた一人のものではないのだと、いつでも念頭に置いていて下さい。

子供たちの前で、自分がいかにつらい思いをしているか、どんなに大変だったかと、そんな話ばかりして暮らしていますと、子供たちの頭の中には母親だけがいつも大きく存在していて父親の方は全く欠けたままになってしまいます。

この子供たちが一体どんな大人になり、どんな「親」になって行くでしょう。

意識の中に父親の影すら持たずに、それでも平気で毎日を暮らす人間になってしまうのです。

こんな家系が平穏であるはずがありません。

とにかく浮かばれていない死者の現在ただ今の苦しさというものは、それはそれは物凄いもののようです。その苦しさ故に地獄という言葉ができたのかもしれません。

そんな苦しさの中に縁ある人をいつまでも置いていては気の毒です。この世の者としてできる限りのことをしてなんとか苦しみから解放してあげたいものです。

そう思ったら直ちにその行動に移って下さい。

死者たちは、精神病という衝撃的な現象以外にこの世の人間が振り向いてくれないことをよく知っていたので、それで、大変遠回りな方法ではあったけれどもいろいろなことをして来たのです。わかってあげて下さい。

IV

死者の表現を受けとめる

一、愚かしいほどに不自由な表現

●暴れるという強い表現

それにしても、精神病の症状として見せる死者の「思いの表現」は、どうしてこんなに激しくて一方的で、しかも陰鬱《いんうつ》で苦しげなのでしょう。

まわりの家族を陽気にさせるような明るい症状などただの一つだってありません。とにかく「どうしてこんな」と、親や家族につらい悲しい思いをさせるものばかりです。

さっきまでは静かに横になっていた人が、何がキッカケになったのか急にガバと起き上がります。表情が本人とは違っています。もうこうなると家族の手には負えません。何かに対して無性に腹が立つらしく大声で叫んだり物を投げたり破壊したりし始めます。わめきながら何かを必死に言っているのですが意味が不明でよくわかりません。

近所の手前もあるので必死に押さえつけるのですが、押さえつけているものがわが子のはずなのにわが子ではないことが親には感じ取れてしまいます。そうなると余計に「これは一体どういうことなのだ」と、すっかり気持ちも動転してしまい、ワァワァ泣きながら相手の物凄い力と格闘することになります。

申すまでもなく、これは死者がこの世の者の肉体を使って自分の存在を主張して来ているのですが、もっと何か別のソフトな方法にしてくれたらよいのにとつくづく思います。

が、しかし駄目らしいのです。死者の表現はわれわれ人間にはいつも必ず苛酷なものとなります。

たとえば「暴れる」という最も強い表現は「これでもお前たちはわからないのか、いつまで何もせずにただオロオロばかりしているのだ」と、死者は本当に怒っていると考えた方が正しいのではないでしょうか。

この家の家族たちがおのれの生命を作った有縁の死者たちにしっかり視線を向けていないのを、死者たちは恐ろしいばかりによく承知しています。そして暮らしの姿勢を改めるまではいつまでも容赦なく続けるのです。

これほど激しいものではなくて、たとえば一人で誰かと喋り続けているような症状の場合でも、それは悪口への反論であったり不満のぶちまけであったり、とにかく喋っている会話の内容は決して楽しいものではなさそうです。

それだけに脇で見ているだけでも、肉体と意識をそっくり死者に奪われてしまっている子供が哀れでなりません。

憑依して何かを表現したいなら明るく語って要求してくれてもいいではないか、もしそうならば今のこの苦しみがどれほど軽減するかわからないと、しみじみおっしゃった親御さんもありました。

しかし、残念ながらこれは叶わぬ望みのようです。

突如として変な性癖が始まったとか、意味不明の或る一つのことばかりを言い続けるとか、そうした症状もすべて死者の表現の一形態なのですが、これらの表現がもし親や家族を楽しく陽気にさせるようなものであったとしたら、親や家族が「これは一体どうしてなのだ」と青くなって姿勢をあらためることがないのを、死者たちはちゃんと読んでいるのです。

人間はつらいとか悲しいとか苦しいとか不幸とかそんなことでもない限り絶対に自分たちを振り向いてくれないことを、よく知っているのです。

しかし、しかし、それにしてもです。

死者の表現はどうしてこんなに苦しげで、しかも暗いのでしょう。

今とても苦しい状況にあるのですから当然といえば当然なのでしょうが、なぜもっと直截にわかりやすい言葉などで示して来てくれないのでしょう。

「自分は名前は誰某であり、今浮かばれずに非常に苦しんでいる。お前たち子孫は自分の物質的欲望の追及に夢中で私のことなど考えずに暮らしているがとんでもないことだ。早く私に気がついて供養しなさい」

と、憑依した子供の口を使ってズバズバ要求を言ってくれたら便利で話が早かろうと考えます。

しかし、これもこの世でのあさはかな考えであって、死者たちはまったく別の次元の世界に住んでいるのです。便利だとか早いとかいうことを善としているこの世でのシステムのもとでは、死者たちの意識と絶対に対話ができないということを、しっかりご理解いただきたいと思います。

第一、死者たちの表現がわかりやすくて物静かなものであったら、人間はそれこそ馬の耳に念佛です。死者の頼みなど右の耳から入って左の耳から出て行ってしまうでしょう。それほど人間は駄目な暮らしをしているのです。

静かに自分を振り返ってみて下さい。

「死んだ人間に用はない。死んだ人間の頼みに応えてやってもそれで儲かるというわけでなし、反対に金のかかることだろうから後回しだ」

こうまで極端ではないにしても緊急性ゼロの扱いです。身を入れて聞きません。

ところが現実の死者からの訴求は、今まで述べて来たようにこの世の者が悲鳴をあげるほどの苦しみ・悲しみをともなって来ます。

これは死者たちが人間を相手にする時の知恵として計画的にわざと重苦しいものを送って来るのか、さもなければ、死後の世界が実際にそんな暗い思いしか作動しない暗黒の場所なのだということです。

私は後者と考えています。


もし生前に魂が磨かれていたならば、死後に迷うことはありません。

この地上に思いを残すことになったのは磨かれた魂が無かったからで、肉体を失った後は生前の理性を支えていた頭脳の働きも肉体と一緒に消滅してしまい、残るのは知性のかけらもない暗い愚かしい思いだけとなっています。

その暗い愚かしい思いで必死に自己主張して来るのですから、症状が暗い愚かしいものになるのは当然というものです。

先日も、まるで幼児か駄々っ子のようにどうでもよさそうなことを執拗《しつよう》に訴える症状がありました。

私の霊視や私の寺での供養によって確実にその症状が消えて行ったので、その結果から死者が誰か判明したのですが、いや、私もご家族も驚きました。

生前に立派な仕事をして、国や県からも高く評価された偉い人だったのです。それがなんということです。そんな偉い人が、死んでしまった後には悔悟の思いばかりになっているのですから本当に情けない限りです。

この世でどんなに立身出世をしていようが、財産をたくさん残そうが、そんなことで死後の安穏は少しも得られないのです。

この人は世間的には立派な仕事をしたかもしれませんが、おそらく自分の魂については片時も考えたこと無く一生を送ってしまったに違いありません。

この例でもおわかりのように、この世の者が、頭脳で「なるほど」とか「多分そうだろう」とか簡単かつ明快に理解できるような、そんなわかりやすいおとなしい形で死者が訴えて来ることはまず絶対に期待できません。

●思いを読み取る

どこのどなたと簡単に判らせていただけないのもまた大きな特徴です。

「あなたは一体どなたですか。ちゃんとお名前を言って下さい」

いくらこうお願いしても、憑依した死者はじっと黙っていて答えてはくれません。

「子孫が調べてもあなたがどなたなのかよくわかりませんので、お名前を教えて下さるとご供養もすぐにできると思います。ですからぜひ名乗って下さいますよう」

答えて下さることを期待して待ってみますがやはり駄目です。

それでもと、しつこく聞き続けますと、憑依した肉体の口を使って必ずといってよいほど有名な人の名を名のります。著名政治家の名であったり美空ひばりであったり、更には現在生きていて活躍中のタレントの名だったりします。

最初の頃は、憑依されている人間がふざけて言っているのかと思いましたが、そうではないのです。死者が本気で「嘘」を言っているのです。

また時には、われは〇〇菩薩であるなどと言ってびっくりさせることもしますが、どれもこれも、この世の者をびっくりさせて自分の言うことをよく聞かせようとする、愚かしいばかりの発想から出たものなのだということがよくわかりました。

本当に幼稚なことをするものです。

生前の豊かだった知恵など片鱗《へんりん》も見えません。さまよう魂という姿になってしまっているとこんなものなのでしょうか。

私の寺にも時々「どうも〇〇様が入ってしまったようなんです」と、親が子供を連れて来ることがありますが、私が「カミでは絶対にありません。あなたにわかってもらいたいご先祖さんが一生懸命に嘘をついてあなたの注意を喚起しているんですよ」と、いくら説明しても納得してもらえません。

この親は、カミらしいものが自分の子供に入って普通の人間にはできないことをしてみせるのを、どこか得意に思う心理が働いていたようでした。

こんな子供が、よく霊能力のある不思議な子供として世間で騒がれています。

そんな子を持った親はお陰で金儲けができると内心大喜びです。

事実、人々がこの子にものを尋ねると、この子に憑依している死者は面白がっていろいろに答えてくれます。そして人々は他愛なくびっくりしてカミが降臨したと騒ぎます。

しかし、これはこの子供が死者に憑依されているわけですので、精神病とまったく同じ現象であり若干症状が変形しているというだけのことでしかありません。

ですから、この死者のカミ様遊びが終わった時からが親御さんにとっての苦難の日々の始まりとなります。本当の勉強もそれからということになりますので、それだけ解決に手間取ることとなってしまいます。

とにかく、こんな愚かしいことをなぜするのだろうと思えるほど死者は妙な表現をとりますが、考えてみればまことに気の毒なことです。こんなことしかできないのです。

暴れたり、怒鳴ったり、一人で喋り続けたりして、それで何かをわかってくれというのですから大変です。必死なわけです。だから、わかりにくくてもわかろうとしてあげなければ可哀想です。

症状にはすべて理由があり、何かを言おうとしているヒントのようなものが必ず隠されています。それをぜひ見つけてあげて下さい。

この世からでは想像もつかぬほど表現方法に不自由しているためにいろいろなことを死者はして来ます。

愚かしいことでもそれを恥ずかしいとも思わずにしてみせます。

どうでもいいから自分に注目してほしいのです。

ところが病院の薬で症状が抑えられると、こうした表現が見えなくなってしまって、死者の思いを探る手掛かりを失ってしまうので困ります。

私は精神科の親しい医師とよく話をするのですが、現在の精神医学はそれなりにかなり進んで「そういうのは初めて聞いた」というような「症状」はもう一つもないそうです。つまり、診察を初めて受けに来た際にいろいろ症状を事細かに聞くわけですが、どんな症状もすでに完全にリストアップされているということです。

そしてまた、その症状の組み合わせを見て、どういう処方の薬でそれを抑えられるかということも十分に研究されているので、薬の副作用という問題を除けば、症状の抑制は少しも困難ではないようです。

専門でもない人間ですからこのこと自体に意見の述べようもありません。私が申したいのは、こうして医学によって薬を投与されている場合、その効果によって症状が抑えられれば抑えられるほど死者の表現がわかり難くなってしまうということです。

症状が見えなくなったら、死者も憑依している意味が無くなって困ってしまいます。

特に長い入院生活となると親もごくたまにしか面会に行かなくなってしまうので、いくら子供に憑依していてもさっぱり親に通じて行きません。

こんなふうにたとえば長男の入院生活が長くなると、今度は次男とか妹とかに異常な症状が発生するということがよくあります。

こんな場合、悲しい遺伝によってとうとう弟妹にも異常が起きてしまったと考えがちですが、それはとんでもない見当違いです。

本当は、親を観客にした表現の舞台というものを、薬と入院によって失ってしまった死者たちが、次の表現舞台へと場所の引っ越しをしたのかもしれません。

いずれにしても死者たちはあきらめません。途中であきらめて中止できるようななまやさしい思いではないらしいのです。あれが駄目ならこれというように、表現の形も方法も時も場所も変えてやって来ます。

こうしたさまざまな姿の通信を、しっかりと読み取らない限りいつまでも続きます。読み取ろうとしませんとどんどんエスカレートして来ます。

確かにそれは怖いことですが、怖がっていたところで少しも解決に向かいません。そんなにまで必死でアッピールして来る死者に、優しい気持ちでちゃんと向き合ってあげて下さい。そうした気持ちを今日までカケラほども持たなかった暮らしを、今こそ心から反省すべきです。

死者たちが不自由な方法で強く訴えて来ているのが「思い」というものなら、こちらも理屈など一切かなぐり捨てて、この世なりの「思い」で受け止めてあげるしか道はありません。思いと思いなら同調してきっと通じ合うはずです。

死者の言いたいことがみんなわかるはずです。わかったら死者に代わってどんなことでもしてあげられるではありませんか。

二、死者がする対話

●物静かに対話して

死者の表現というのは確かに一方的でしかも不器用なものですが、時にはこの世の者とごく自然にしかも大変器用に会話を交わす死者もいます。

もちろん或る肉体の中に入り込んでいる死者が会話するわけですから、言葉のやりとりをするのは死者に憑依されてしまっている人間の口を使って行われます。言い換えれば、肉体の持ち主が実際には声を出し口を動かして第三者と会話するのですが、会話の主体は肉体の本人ではなく別人の死者だということです。

　この場合、肉体本人は自分の口で会話をしながら内容を自分ではまったく理解していません。こんな状態を客観的に説明するとなると「勝手にあらぬことを口走り……」ということになってしまって、もし死者が肉体を占領してものを言う事実を知らなければ、簡単に精神病の一つの症状として片づけてしまうことになるわけです。

「死者がする会話」と一口に申しましても段階や種類がいろいろあるようで、私が実際に対話を体験したものでも大きくわけて三つあるように思います。

　一つは、少々形は変形かもしれませんが、こんなのがありました。


　誰かに向かって喋り続けているという症状がありますが、こうした「独り言症状」を示している際には、その人に脇から声をかけてもまったく反応せずひたすら喋り続けるというのが通常の例なのですが、珍しいことに声をかけると喋りを中断してこっちを振り向いてくれるというものです。

　何か気に入らないことをする相手があって、それに向かって文句をいうように喋り続けている症状の娘さんがありました。その娘さんに脇から私が声をかけてみたのです。

「ほんとに困ったね。いつもあなたの気に入らないことばかりして」

　するとパッと私を振り向いて答えます。

「そうなんです。いくら言ってもやめないんです。本当に憎らしい」

「でも、知らん顔していたらどうかな」

「はい、そうします」

と、しばらく黙っているのですが、また同じように始めます。

「おや、またですか」

と、再び声をかけると、また私を振り向いて恥ずかしそうに微笑みます。

これは、独り言症状の途中で脇からの声と会話した例といえますが、純粋な意味での死者との対話というのは、むしろ次の二つかもしれません。

「私の体の中に神様が入っていて、ああしろこうしろと命令するんです」

またこんなことを言って一人の奥さんがおみえになりました。

前にも申しました通りカミが人間に憑依することなど絶対にありません。何かがこの人に憑依しているわけで、この今の奥さんの状態が、そのまま精神病とよばれているものズバリなのです。

この場合も、途中省略でお話しますと、当然のことながら供養を待っている死者たちがたくさんあって、この奥さんの肉体を借りてご主人に気がついてもらいたいと作用していたもののようでした。

ご主人というのが今までごく近い死者についてさえ思いを巡らすことを一度もしたことがないというような人で、霊視をしてみますと案の定、父親や兄弟が最も強い思いを送って来ているようでした。

こうした死者たちが奥さんの意識を何%か占領してしまうわけですから、当然奥さんは自分ではない何かが自分の中にいることに気がつきます。しかも、その自分の中にいるものというのは死者の魂なのですから、人間ではない不思議な働きを感じてしまいます。

それで「私の体の中に神様が入っている」という言い方になったものと思われます。が、それはともかく、いろいろあった後にこのご夫婦もいよいよご主人の祖父の供養をするということになりました。

供養を終えて一息いれると私は夫妻に言いました。

「あなた方のお父さんは、自分が供養しなかった人たちのことをあなた方にこれからもどんどん頼んで来ると思いますよ。とてもそのことを気にしているんです。しかし、今日はよかった。お父さんが一番気にしていたお祖父さんの供養ができたのだからね」

すると黙って聞いていた奥さんの様子が変です。

揺れるように静かに身体を動かし始めると、はっきりした口調でこう言います。

「よかった、よかった……」

私も何度もうなずいてあげるようにして、「本当によかったね、供養すると気持ちがいいでしょう」などと話を続けようとしました。

すると奥さんは、様子がどこか変な感じになったまま私を制して言いました。

「よかった、よかった……と、そうお父さんが言ってます」

どうやら今この場で彼女に父親が入って来ていると直感しましたので、

「お父さん。あなた今どうしていますか？」

と、聞いてみました。すると奥さんは実に滑らかに父親の言っていることを私に通訳するように喋り続けます。

「今いるここがどこかよくわからない……と言ってます。とてもいい匂いがする……と言っています」

こんな調子でまるで同時通訳のように次々と喋り続けます。

「俺は死んでからのことを何も知らなかった。先生、すまんなぁ……と言ってます」

「息子さんたちはあなたのこともご先祖のことも今まで何もしなかったそうですが、もうこれで人間はどういう暮らしをして行くべきかよくわかったと思いますよ」

「いや、俺が何も教えなかったのがいけないんだ。息子をどうか叱らんで下さい……と言ってます」

どうしてこんな素直な人が、成佛できないまま息子の嫁である奥さんに入ったりしたのでしょう。父親であるとはこの死者も自分からははっきり名のってはくれませんでしたが、死者はいつでも猛々しく重苦しく意識を送って来ると思い込んでいた私にとって、とてもさわやかな印象を残して下さった死者でした。

このご夫婦はこれだけの体験をしても結局は駄目でした。お父さんやお祖父さんお祖母さんといった大事な人々を心から思いやるということが遂にできずに、供養も中断してしまいました。神様が自分の中に入っていると思い込んでしまっていて、自分を特別な霊感力の持ち主と錯覚したくなったようです。こんな奥さんとそっくりな症状の精神病なのに、霊能者として人々に堂々とご託宣を与えているケースもありますので、そんなことにならなければと心配しております。

それはそれとして、この場合の「……と言っています」というように通訳が中間に入った形の死者との対話は、大変に面白いといっては申し訳ないのですが貴重な体験の一つでした。

さて、三つ目が最もメインの死者との直接対話の形ではないかと思われます。

私と死者との対話、それに子孫とご先祖との対話という二つを一緒にご紹介できる珍しい事例を選んでみました。

三、子孫の肉体を使う死者

●教えているのにわからない

東京都内に住むKさんという六十八才の奥さんですが、この方も多くの方がそうであるように私の前著『精神病は病気ではない』（ハート出版刊）をお読みになってのご縁でした。

霊感商法で今騒がれている所に通って大金を失ってしまったけれども、それでも少しも治らない、本を読んでここなら本物のようだからこれが最後だと思って来たというお話でした。三十五才の娘さん（智子さん）と十四才の孫の男の子が精神を冒されているということで、その娘さんが母親とご一緒においでになりました。

ところが、お茶を飲みながら母親からいろいろな苦労話を聞いているうちに、突然智子さんの目がうつろになって来ました。

「すぐこんなふうになって、別の人間みたいになってしまうんです」

そう言って母親があわてて娘に「しっかりしなさいよ」と声をかけましたが、そんなことはお構いなしです。ポンと男性の死者が彼女の身体に入ったようでした。

男の声でこう言います。

「ここはなんだか落ち着く所だな。先生よ、すまんがよろしく頼むよ。この子は可哀想にとても苦しんで気の毒なんだ」

　私は早速この死者と会話を始めました。

「あなたがもう死んでしまっていることを納得して、早く霊魂になっていることに気がつかなくては……そうすれば智子さんだって楽になりますよ」

と、説得にかかりました。するとその死者は、智子さんの身体の手を伸ばして母親を指差し、非難を始めるのです。

「これの親たちがな、いい加減な生き方をしたもんだから今とても苦しんでいるんだよ」

とすると、この人は奥さんの祖父にあたる人かなと思って、

「では、あなたはお祖父さんなんですか」

「いや、名前は言えんがのう」

と、黙ってしまったなと思った途端に、智子さんそのものにポンと戻りました。

「先生。私はいつもこうなんです。自分であって自分でないんです。一年中こんなで、私はもうつらくて……」

涙ぐむ姿は本当にお気の毒です。精神病などという「病気」ではないのです。

この人たちも、これほどはっきりした憑依によるアッピールなのに、これまでの長い間、誰かに拝んでもらえば何とかなるのではないか、祈ってもらえば奇跡が起きて治るのではないかとあちこちふり回されて来たに違いありません。

　もちろんこの母娘は私の指示によって一人一人の死者の供養へと確実に入って行ったのですが、娘の智子さんが母親について供養に来る時は、どうしてかその日供養を予定されている死

者が、数日前から智子さんか、またはお孫さんの身体に必ず入って来てしまうのだそうです。

ある日の供養の時もそんな様子でした。

供養を終えて振り向くと、智子さんがその場に横たわっていて別の人格になってしまってい ます。また男の声です。

「やあ先生、どうもありがとうよ。私はこれでやっとわかった。先生に教えられたな。私はこれまでずっと墓の中にいたが、もうこれからは墓などにじっとしてはいないよ。あすこにいるのはわたしの亡骸《なきがら》であって、今こうしている私じゃないものなあ」

供養中に私が何度も語りかけたことへの反応みたいなことを言いますので、どうやらたった今供養を終えた人のように思われます。私はその死者と会話を始めてみました。

「その通りですよ。お墓を魂の拠り所なんかにしていては駄目です。あなたもこれからは大自然の法則の中に帰らなければね」

「うん、うん、そうだな」

みるみる智子さんの様子が普通の状態に戻って行きます。彼女の身体から明らかに離れて行くのがよくわかるのです。

この母娘は、一生懸命に供養を続けて、長い間服用させられていた強い薬から解放されるところまでぐんぐん進みました。こんな頃にいささか疲れが出て供養を休むということがよくありますが、なんとも厳しいというか恐ろしいというか、決まって死者たちからの現象がそんな頃に集中して来るのです。

子供がひきつけたために母親がすっかり動転してしまうというようなことがよくありますが、智子さんが突然目を開いたまま息がつまってしまい、顔から血の気が引いて真っ青になるということが起きました。それも立て続けに三回も起きたのだそうです。

呼吸が完全に止まってしまったのでもう母親は半狂乱です。

「智子が死んでしまう！」

すぐに救急車に来てもらって病院へ運び込みました。運び込むとすぐに回復します。

こんなことが二度続いて三度目のことです。

母親は考えました。これはもう間違いなく憑依した死者がやっていることだと。

そう思ったらなんだか急に腹がたって来て、母親は娘にむかって怒鳴りました。

「ご先祖の誰だかわからないけどいい加減にして下さい！　どうしてこんなひどいことをするんですか？」

すると苦しんでいた智子さんが突然に男性に代わって母親に話しかけて来るのです。

「そうか。そんなにつらいか。そんなに大変か」

「決まっているじゃありませんか。子孫はほかにもいるでしょうに、どうして私の所ばかりがこんなに苦しまなくてはいけないのですか？」

と、懸命に言い返しました。

「そうか。もう嫌か。しかし誰のおかげでお前は生きているんだ？　お前の娘を使わなければ何も教えられないではないか。ほかに教える手立てはない。お前の両親も、飯を食うということしか考えずに生きてしまったものだから、今こっちへ来て苦労しているぞ。私は子孫であるお前たちに教えようとしているんだよ」

こう言い終わると、喋った智子さんはばったり倒れてしまいました。

「智子、智子！」

あわてて揺すると智子さんはまたまた全然呼吸をしていないのです。

今度は、母親はこの私に電話で救いを求めて来ました。

「先生、すみません。今、智子が息をしていないんです。どうしたらいいでしょうか」

私は、このところ供養を中断しているせいだとすぐに思いましたので、医療は医療として、母親に今すぐにご縁の方々に対して謝ることを勧めました。

供養をちゃんとさせていただきますからと口に出して言うとそれでとりあえず納得して下さるということを、私は過去にいくつも経験していたからです。電話を切ってから私は考えました。

「あの娘さんの肉体を終わらせて向こうに連れて行くというのはまだだろうな。目下母親へのきびしい教えの最中なのだから、この教えに気づいて母親が暮らしを改めれば、娘さんは確実に元どおりの身体になれるに違いない」

しかし、あれっきり何の電話もありません。やはり気になりますので外出の予定を少し遅らせてこちらから電話をしてみました。

「先生。智子は五十分も息を止めていたんですよ」

「何ですって？　五十分間呼吸をしなかったんですか？」

そんなことでよく死ななかったものです。そんなことが本当にあるのでしょうか。

「で、今はどうしているんですか」

「もうすっかり元気になって、それで、除籍謄本を出せと言いますので出してやりましたら、これから供養しようという人の所にペンで印をつけています」

「そう。それでいいんですよ。安心しました。早々に、今、印をつけている人の供養にいらっしゃい」

電話を切りながら私はあらためて死者の思いの働きのものすごさに身が引き締まったものです。

●苦しいのは死者も同じ

その後供養にみえた母親の話です。

五十分も呼吸をせずにいた智子さんが、よく死なずに助かったものだと不思議がる母親に智子さんはこう言ったそうです。

「だって、男の人の声で、息をしてはいけない、息をするなって言うんだもの……」

私はこのことを聞いて、神経が細か過ぎるほどの死者の働きに舌を巻きながら、母親にこう申しました。

「あなたがびっくりして、私の所や救急車に電話している時にはちゃんと呼吸をさせてくれていたんですよ。そして、あなたが智子さんの顔の上に掌を出すと、その時だけ息をするな息を止めていろと命令していたんです、きっと。だから、あなたは智子さんが五十分も呼吸をしないといって大慌てしたわけで、すべてあなたをびっくりさせて大事なものに気づかせようとした死者の作戦なんですよ」

啞然とした面持ちで聞く母親に私は続けました。

「あなたが見たことも聞いたこともない死者でも、みんなあなたと濃いご縁のご先祖様なのです。相手は目に見えないのだし喧嘩したって勝ち目はありません。だったら、せっかく供養をさせてもらえる立場にあるのですから、一生懸命やることですよ。人間にできることなんてそんなことしかないんです」

こう言いながらも、私はまだこの母親に本当の理解をしてもらうのは無理だろうと思っておりました。しかし、今回の体験はこの母親の心の中にやがて、大きな感謝を育ててくれるに違いありません。

事実、こんな体験があってからの母親の姿勢には、明らかに変化が見られるようになりました。

「死者は娘を使ってあんなことまでして自分に訴えようとした。とすると死者の方が、自分よりもっともっと大変なんだ」

やっとそう思えるようになって来たのでしょう。縁ある人々の供養ができる自分をこの上ない幸せ者と感じるようになれるのも間もなくのことでしょう。

このように憑依している死者と話をする機会は非常に多くて、時間的にもかなりな長時間を会話することもあります。死者の話す内容は決して支離滅裂ではありません。むしろその思いにこちらが胸を打たれることがあるほどです。

ただ暴れたりわけのわからぬことを言ったりするのではなく、死者にしたって、こちら側の人間にわかってもらいたいのですから、聞いてあげる姿勢をとれば必ずわかるように表現して下さるはずです。

ただ恐れたり、嫌がったりすると、どうしてちゃんと聞いてくれないのだと余計に怒るのです。しかしこの世でよく行われるように「しかたがないから、はいはいと聞くような格好をすればいい」というのでは、すぐに見破られてしまいます。素直に、生きてこの世に在る人から聞くように心を込めて耳を傾けて下さい。

不自由ながらもなんらかの形を私たちに示して、きっとその思いをわからせて下さるでしょう。

精神病とは結局こうした死者の表現の、連続形・定着形に過ぎないのです。

四、死者が教えて来ているもの

●感謝のある暮らし

私は死者たちと毎日こうしていろいろな形で対面しておりますが、中には死に直面した時点での肉体の苦痛の中にいまだに苦しんでいる人もいます。つまり、病気で死んでしまってすでに何十年もたっているというのに、まだ肉体が病んだまま生きているつもりでいるのです。

こんな死者の供養の時は、私や副住職の玄宗の身体に強烈な痛みを与えて来ます。その痛みの身体の部位が死者の病気の箇所といつも合致しますので、人間である私たちにも死者の痛み・苦しみが自分のことのようによく理解できます。ですから、さぞ痛かったのであろう苦しかったのだろうと死者を自分と同じ位置において思いやることができるというものです。

共通の痛みで自分のことのように思えた死者に向かって私はいつものように語りかけます。

肉体は消滅してもはや魂だけの生活に入っていることを説きます。

そして死者がそのことを初めて納得できますと、まるで嘘のように痛みは消えてしまうのですが、しかし、そうした形で通信を受けますと本当に死者のひたむきな思いというものがひしひしと身体で感得できて、思わず死者に向かって生きている者のように話しかけてしまうのです。

こうした痛みも、それから憑依した肉体を使っての会話も、すべて成佛し損なっている死者が明らかに存在していることの証明です。

そして、なぜ成佛できていないか、死後に何を反省しているのかを私たち人間に悟らせようとして、さまざまな現象を私たちの上に起こして来るその事実に、いつもいつも私は目が覚めるような気持ちにさせられています。

死者の主張、死者の思い、どれもこれもこの世を生きる者への貴重な教えです。難しい理屈でも何でもない当たり前の、人間として踏み外してはならない法則を教えて来てくれています。

昔から宗教家や佛教者によって説かれていたことは、後世、学説が分かれたりするように学問的というよりも抽象的なものに次第に思えて来てしかたがありません。人によって解釈に相違がでるようなそんな難しいものがカミの教えなのでしょうか。

死者の教えは的確で正しくて簡単明瞭です。

世の中にはいろんなことをさせる宗教があります。

信者勧誘・物品販売・募金・行事参加といったようなものは論外として、たとえば何巻もの読経・回峰や滝の荒行・瞑想・写経・座禅、まだまだいろいろあります。

それらの行為を頭から否定するつもりはありませんが、そのようなことのすべてを私は自身で体験しました。そしてその体験ののちに、私は死者からの切々たる反省の思いを知って、初めてこれこそが真の人間への教えなのだと確信させていただけたのです。

死者の苦しみというものがどれだけこの世の人々に大きなものを教えて下さるか、それは「行」と名づけられるどんなものとも、とても比較になるものではありません。が、死者からの教えは皆さんよくご承知のように、本当に厳しい現象をともなって来てしまいます。しかし、めったなことでは体験できない珠玉の体験なのですから、大事に受け止めるようにしたいものです。


死者の教えとは何か。一口で言うならば、それは生きている今を正しく暮らせということです。

自分の生命の根源である先祖や縁者に対して常に感謝の気持ちを持つという、このこと一つができるかどうかそれだけでもいいのです。

自分ばかりいつも真ん中に置いて、ひとの痛みをまったく考えないような自分中心の暮らしを深く反省するということだけでもいいのです。

人間の一番大事なものはお金でも何でもなくて心なんだということを、死者の今の苦しみから学べばいいのです。それが正しい暮らしというもので難しい理屈は一切無用です。

いや、邪魔ものです。

●何をもって幸福とするか

生きていること・人生といったテーマの話をする時に、私はいつも、そもそも自分は何故なんのために生まれたのだろうかと、ついそんなところから考え始めてしまいます。

四六時中食べ物を漁《あさ》っていなければならない動物ではなく、人間として生まれて来たことだけでも考えてみると極めて不思議なことではないでしょうか。

飢餓や戦乱の国に生まれて、今、荒れ地をさまよい歩いていたって何の不思議もないのに、四季がきちんとあるいい国にどうして生まれて来たのでしょう。

こんなことを決めたのが自分でないことは確かです。ならば、それは一体何の力なのでしょう。

本当に不思議なことと思います。

私自身のことで申しましても、私は何故今このようなことを毎日皆さんに説く暮らしをしているのだろうか、どうして私は毎晩いろいろな死者の姿を見せていただけるのだろうか、どうして私の供養によって死者たちは納得して下さるのだろうか、また、そもそもどうして私みたいな者が寺の家系に生まれて来たのだろうか、何故だどうしてだと、それはもう限りないほどに疑問が続きます。

偶然だということで簡単に片付けてしまうことのできない「不思議」で全部つながっていて、どれもこれも人間の力ごときでは操作ができないことばかりです。

ところが実はこれらは不思議でも何でもないことで、人間世界のすべてのことは、人間の意思などの及ばないはるか高い大きなところでカミの法則によって運行されているのですから当然のことと言ってもいいものなのです。

カミの法則とは天地や大自然そのものの法則なのですから、逆らっても全く無意味で、ごく自然に素直な気持ちですべてをこの法則にお任せしているのが一番安心というものです。

今でこそ私はこんなことを申しておりますが、かつて失敗続きのどん底にあった頃には自分が法則を違反しながらカミが自分に協力してくれないのを「なぜだ、なぜだ」と言い続けていました。

少しも自分に都合よく物事が進まないので、人間と生まれたそのこと自体がこの上ない不幸だと考えて、毎日を不平不満で暮らしていたことを、今、はっきりと思い出すことができます。今ならば、犬や猫を見ても、「お前たちは人間に生まれなかったために、随分と不自由な思いをして可哀想だね」と哀れんでやることもできますが、しかし、つらさ苦しさの連続にあえいでいたその頃は、人間に可愛がられていつもいつものんびり遊んでいられる犬猫が、心から羨ましいとも妬ましいとも思えて腹が立ったものでした。

まったく情けない話ですが、生きているということはただつらく苦しいだけのものであって、生きていることに大きな意味や価値があるなどとは考えようとしてもとても無理なことでした。

「苦労は買ってでもしろ」という格言も、今の結構な時代には死語となってしまいましたが、しかし、この世をただ順調に何ごともなく送ってしまうことを幸せというべきなのでしょうか。人間としてせっかく生まれたのに何一つ苦労を体験できず、従って大事なものを何も学ぶこと無く一生を終わってしまったとしたら、それこそ最大の不幸と言わなくてはなりません。人間として生まれ、人間として生きている以上、つらいことや苦しいことの中に本当の幸福があるということを、しっかり知っていたいと思います。

この世での人間生活は、

「肉体のある無しにかかわらず人間には永遠に続く魂というものがある」

ということを学んで知る場所なのです。

それなのに、この世を生きる時に、物質に恵まれることだけが人生と思って暮らしてしまうと、肝心な魂のことを学び損ねてしまいます。

すると、死んで自分が霊的な存在となっても自分の肉体の死滅を理解できず、そのままいつまでも地上にとどまって苦しむことになります。

こんな死者になってしまうことが本当の不幸というもので、今生きているこの世での苦労によって魂が向上し、そして死後にこんな死者にならずに済めば、苦労の多い人生はむしろ不幸の反対の幸福そのものと言えるのです。

この世での物質的な苦労を不幸と考えているうちは、本当の幸せにまだ気がついていないのです。

苦労しているつもりの人間が、実はこの世で一番の幸せ者です。

この私自身、物質的な幸福を追い求めた体験も今思えばいやというほどしましたし、またそれが何ほどの価値もないということを極めて衝撃的に知ったという体験もしました。

更に、死者たちが語って来るものから貴重な教えを受けたという体験もしました。

誰に教えられたというものでもなくすべて私自身の体験をもとにしてのことですので、大体が愚かしい人間である私でも、自信をもってこのことを申し上げられるのです。

五、先祖が導く

●いのち一つになった時

私は自分の家族が豊かに暮らせることを人生の最大の目的にしていました。

悲しみとか苦しみなどというものがわが家にあってはいけないし、楽しみや豊かさだけの中で順調に毎日が過ぎて行くことこそが最高の幸福と信じていました。

ところがどんな事業をやってもうまく行きません。自分が怠けているのなら自分で納得できますが、自分は一生懸命に働いているつもりなのです。

事業で成功した人に言わせれば、人に騙されるのは騙された方がバカだということになるのでしょうが、今思っても、私を騙す気のない人がなぜか私を騙してしまったような気がしています。

いずれにしても結果的には大失敗の連続ということでした。

しかし、今静かに考えてみますと、この時に反対に大成功していたとすると、私は遂に死者との交流というカミからのお役目にも気がつかぬまま、おそらく大自然の法則に逆らったことばかりいまだに続けていただろうと思います。これでは、さきほどから申していますように私はとんでもない不幸な死者になってしまうところでした。

ましてや、少しでも人様のお役に立つような仕事などには遠ざかっても近寄らなかったでしょう。ただ毎日を無為に過ごすだけの人間になってしまっていたに違いありません。

ですから、今から振り返ってみれば、カミが私にわざと大成功をさせて下さらないで、反対に大失敗を体験させて下さったのではないでしょうか。

大体、事業に成功するだろうなどと三代続いて来ている坊主の家系の子が思ってしまったこと自体が、大きく法則にさからった行為であって、大失敗して結局今の道に辿り着くというのが、法則に最も沿った生き方だったのでしょう。

しかし、当時の私は、以前からいろいろなお宅の昔のことが見えてしまうという不思議なものを既にいただいていたくせに、さっぱりそれに気がつかずひたすら事業の成功を夢見ていました。

父の代からの寺は、私と違ってよくできた兄が継いでやっていることだし、自分は商売が向いているらしいからという勝手な判断で、お金をたくさん稼いで家族のみならず親族一同が豊かに暮らせますようにと願っていろいろな事業に手を出しました。

うまく行かなくなって借金がかさみ、住んでいる家を投げ出したってもうどうにもならないという状態になったわけですが、これは体験してみると驚くばかりにつらいものでした。

それでも、何とかなるのではないか、何とかしなくてはと随分頑張りました。こんなことに負けてはいけないと今思えばはかない努力を繰り返したものです。

その頃の私の日記帳や手帳には、一頁一頁の端の方に赤いインクで、

「朝の来ない夜は無い」

と、書きつけてあります。

今はつらくてもきっと笑う日が来る、人生は暗い夜を体験してこそ本当の朝を迎えられるの

だというつもりでそんな言葉を選んで書いたものです。絶望的な自分を励ますためと言って言えなくはありませんが、しかし、実を言うとそんな生易しいものではなく、自分はこのままでは或る日何のためらいも無く自殺してしまうのではないかという恐怖感があったからなのです。そして、こんな状態に更に加えて、考えてもいなかった兄の死に遭います。

私にとって兄は父亡きあとの私の心の拠り所だったのです。兄が元気でいるからこそ私は僧にならずに好き勝手をしていたとも言えます。

この兄の急死は私にとって自分の中心を失ったほどの大きなショックでした。

本当に今思っても私にとっては最悪の事態だつたのです。

自殺未遂もやりました。この死からの脱出という不思議な体験も、人間の知恵の到底及ばない力によってみごとに導かれたものでした。

この頃のことはこれまでにいろいろな形で書きましたので省略いたしますが、人間どん底となれば、カミの法則やご先祖の意識の作用によって逆に不思議な力が湧いて来るものなのでしょうか、私の中に急激な変化が生じたのです。

まず、人間の目に見える形で存在する佛像の類いが、いっぺんに空しいものに変わってしまったのです。

長い間本堂にカミとしておまつりしてあった不動明王をはじめとするいくつかの尊く厳かな佛像が、ただ単に私の五感で見ることができる玩具のような物体にしか見えなくなってしまったのです。

本当のカミは人間の目には見えないもっと高いもののはずだ。人間が何かを企んで勝手に作り上げたような神佛とは今こそ完全に決別しようと、まるで電気にでも打たれたように思ったのです。

今思い出しますと、よくまああれだけのことができたと自分でも不思議に思うのですが、それまで一心に祈って来た祠（ほこら）を本当に橋の上から川へ投げ捨ててしまったのです。

そしてこれまで経済的・物質的な欲望充足を願うために力になると信じて来たものは、経文だろうが貴い佛教学の書だろうが親しく使っていた佛具だろうが、とにかくすべてのものからおのれの意識を離し、何も彼も全部投げ捨てました。

その結果、私に残されたものは、私の生命《いのち》ただ一つとなったのです。

が、そのことが大きな転機となって私は真の奥深い魂の教えをカミからいただけたと信じています。今皆さんのお役に立っている私の霊視といい供養といい、本当に死者との魂の交流が日常的に可能になったのもこの日からのことといってもよいと思います。

●高い所から見つめられている

それにしても、世の人間はこの世に生まれて来た意味についてあまりにも考えなさ過ぎています。自分の肉体は永遠にいつまでも生きるようなつもりで、自分中心の勝手気ままな物欲追及を続けて何の反省もしていません。しかも、そんな暮らしをかなり昔から何代も続けて来ています。

そしてその何代にもわたる多くの死者が、死後自分の死を自覚できずに苦しんで、必死に子孫に救いを求めて来ます。また、単にすがって来るだけではなく、死んで初めて知った魂だけでの生存という事実を、痛恨の後悔とともに自分の子孫に教えて来るのです。

この重々しい思いの発信がこの地上にすさまじいばかりの現象をもたらすことは、もう十分にご理解いいただけたところですが、しかし、それがこの世の修行であり勉強であるとはいいながら筆舌に尽し難い苦しみであることも残念ながら確かです。

しかし、この大変な体験を経た人だけが、人間として生まれて来たことの意味を知り、生かされている価値も学ぶことができた数少ない人となることができるわけです。

過酷な肉体行で頑張ろうが、一心不乱にご祈禱しようが、難しい佛教学の勉強をしようが、立派なことを述べて宗教家として著名になろうが、そんなことがカミや死者からの通信を受け取ることに何の役にもたちません。

カミから何かをいただこうとするだけで、もう何もいただけないのです。

何故こんなに苦しめるのだと騒ぐことよりも徹底的に苦しむことです。人間にはそれが最も自然で素直な、法則に従った生き方です。

過去に私が求めたような物質的満足や優雅な生活はただ肉体だけが欲しがったものに過ぎず、この世を離れるまでのほんの僅かな間の価値しかないものです。

そんなこの世だけで消え去ってしまうものばかりに執着している生活が、法則の運行を不調にします。そして死後の長い長い魂の旅路を、後悔と反省にもがきながら生きて行く真の不幸を味わうことになるのです。

いずれにしても死者が表現して来るものは、忘れられていた恨みごとというような単純なものだけではありませんから、貴重な死者の言い分はしっかりと受け止めなければいけません。わかりやすい表現ではありませんが、死者の心になって、つまり死者の意識の波長にこちらで合わせるつもりになって表現の真意をきちんと「読む」ことです。

そうしたこちら側の姿勢を死者はちゃんと見ておいでです。
いいや、見ているのは死者だけではないように私には思えています。すでに成佛してホトケという名になっておいでのご先祖さんや両親が、高い所からじっとこちらを見つめていらっしゃる気がするのです。

背後霊団という言葉が適切なものかどうか、いろいろ解説したりする人が多いので私にはよくわかりませんが、どなたにもカミとは別に、肉親だった者の優しくてきびしい浄化霊の集団が、きっと背後で見守って下さっていると思います。あの世から一生懸命に法則・摂理を教えようとしていらっしゃるのはこうした方々なのかもしれません。

私の霊視というものも、私の背後の霊団がたくさんの死者たちの交通整理をして下さって、更に私が霊視によって人々のお役に立つようにと、愚かな私に事細かな協力をなさっているのをはっきりと感じとっております。

たとえば私の霊視に生前の姿をみごとに見せて来るのは確かに死者自身の自己表現ですが、決められた日の夜に決められた家の死者たちを間違わずにきちんと登場させることとか、私や子孫の方々がこれならばきっと思い当たるだろうという情景を正確にピックアップなさったりすることなどは、もしかしたら私の父か兄のしていることではないかと思えることが時々あるのです。が、確かめようもありませんし、確かめる必要もないし、また、確かめてはいけないことなのかもしれません。

さて、いよいよその霊視についてお話を進めて行かなくてはなりません。

V 霊視とは何か

一、精一杯の伝達

●首をひねるばかり

大事な夫や子供が自殺をしてしまった後になってから、やっと私とご縁が繋がる人がありま す。こんな結果が出てしまってからでなくては気がつかないものなのかもしれませんが、しかし、なぜもっと早くにと悔やまれてなりません。

自分で死を選ぶ時は、それを自分の意思で実行するように思えているのですが実はそうではないのです。私にも体験がありますが、あれは間違いなく死者の意識によるもので、まるで操られるように死へと運ばれてしまいます。

自殺とは、自殺で死んでしまった人が自分と同じ方法で、縁の繋がる者を無造作に死へと呼び込むものなのではないかと私は思っています。

死者の側の何らかの判断で、生から死へ実にあっさりと移動させられてしまうわけですが、死者側から見れば生と死は単に肉体を持っているか否かの違いであって、魂は一貫して生きていますので、たいしたことではないのかも知れません。

しかし、死者がそうまでするのはよくせきのことです。

そんなことになるまでに、その家には精神病はもちろんのこと様々な形での通信があったはずです。それなのに、ただの一度も死者たちを振り返らなかったに違いありません。

死んでしまったら何にも無い、だから死んでしまった者のことをああだこうだ言って時間を潰すより、さあ稼ぎだ金儲けだとそんなことで暮らして来てしまったのでしょう。

また は、この世で積めるだけの教養を身につけて、経済的にも恵まれた毎日を送りながら、それなのに、科学だ学問だ、名誉だ出世だということにばかり価値をおいて、死者への優しい思いやりを生活の中から全く欠落させていた家だったのでしょう。

いや本当に決まってそういう家または家系にこの悲劇は起きています。

ここで事例としてご紹介しますのは、福島県の四十一才の母親からのご相談がスタートです。

この方の長男は、ノイローゼが原因で勤務先のビルの屋上から飛び下り自殺をしていました。数年前のことです。

ノイローゼが原因というよりも、ノイローゼという形で必死に訴えて来ていた死者たちに対して、この世から全く反応を示さないどころか無視したまま相も変わらぬ暮らしを続けていたために、訴えの材料として使っていた長男を、もう無用のものとして自分たち死者の側に招き寄せてしまったものと思われます。

そして二番手の材料として十八才の妹を使い始めたのです。

「最近、兄の時と同じようなノイローゼの症状を見せるので、いつまた兄のようなことになるかと心配でならないのです。その上、この妹の様子を見ているとどうも自殺した兄が誘いに来ているように思えるんです。ですから、なんとか長男が成佛するように供養をお願いいたします」

というのがご来訪の主旨でした。

もちろんご希望に沿って一心に長男の人のご供養をいたしました。供養が終わると、この兄がよく納得して成佛されたことが私だけでなく副住職の玄宗にもよくわかりましたので、これで妹さんの症状が軽減して行くことだろうとホッとはしたのですが、しかし、これだけでは問題解決にはほど遠いのです。

長男一人が成佛しても、その長男を自殺に誘った死者たちはまだ一人も供養されていないわけです。

現に長男の供養中に、玄宗に対して比較的強いアッピールがあったのです。供養中に胸を押さえるようにしてとても苦しそうにしていた玄宗から後で聞き出せたことは、長男とは全く別の男性の自殺の情景でした。その場所も長男の現場とは明らかに異なる所のようです。更に、この男性の表情が何とも言い様がないほどに淋しそうであったということです。

私の霊視とは全然形が違いますが、玄宗には供養の際にこのような形で一瞬の姿を見せて来ることが多くなりました。

私の霊視と合せて判断してみますと、死者の不自由で不十分な表現の奥がいっぺんに読めたこともありました。こうしたことも、さきほど触れました私の背後の霊団がして下さっていることなのかもしれません。

が、それはさておき、この別の男性について母親や家族の人たちにいろいろ心当たりを尋ねてみたのですが、ただ首をひねるばかりでまるで見当がつかないということでした。

もっとも見当がつかないほど疎遠にしている死者だからこそ、激しい現象をこの家に送って来ているわけですが、自分たちが見当もつかない人だから自分たちとは関係がないなどと、今ひどい現象にさらされているくせに平気で切り捨てる人たちがいるので本当に気が揉めます。

この母親も四十一才では若過ぎるようで、この人の親の世代や更にその上の世代となると、情けないほどに何も知らないのです。

この人が知らないということは、この人の親が何も話していないということです。

死んでしまった人のことなどを娘や息子に話したって何の得もないと考える暮らしをしていたということです。

とにかく、この「別の男性」こそ長男の自殺の原因になった人と思えますから、なんとしても誰方なのかきちんと捜し出さなければ駄目ですと説明して、約二週間後に霊視の予定をとることにしました。

●情景の一つ一つが語る

霊視は一面の雪景色でした。

凍てついた風景にふさわしく空はどんよりと曇っています。雪の下から枯れたススキの葉がかすかにのぞいて冷たい風に吹かれています。

そんな荒涼とした景色の中に、ふと人影を見たような気がして「私」という人物がそこへ向かって行くのですが、なんと私の足はこの雪中に素足ではありませんか。

私は自分で右足を前に出してそれを確かめてみます。汚れた足は確かにハダシです。

「なんだ、私は裸足だよ……」

と、自嘲的に笑って呟くのです。

暖かい履物も無く、淋しい雪原をただひとりさまよい歩いているのでしょうか。

急に一人の老婆が見えます。

この老婆は薄汚れた綿入れの半てんのようなものを着ていましたが、無言のまま焼いた魚の干物を「さあ、これを食べろ」と言うように私に向かって突き出しています。

私はその老婆の暖かい精一杯の気持ちを感じて干物を受け取り、それを右手にぶら下げて歩き始めます。海か川に沿った道へ向かいながら私はふと老婆を振り返ります。

すると老婆は、どこに持っていたのか手拭いのようなものを取りだし、しきりに顔をこすっています。まるで泣いているようです。

私は老婆が泣いていると思ったら胸が一杯になってしまって走り出しました。悲しくて悲しくてたまらないのです。


場面が変わると、ここは海岸だということを示すように、荒れ果てた浜辺に朽ちた小舟が一、二そう転がっています。そして破れた漁網がボロ布のように風に揺れていて、まことに寒々とした風景です。

と、今度は一軒の家の中に移りました。

入り口に一人の細面の老人がいて、黙々と刃物を研いでいます。

よく見ると、この寒い季節に老人はなんと浴衣を着ているのです。貧乏でほかに着物が無いのでしょうか。それとも何か理由でもあるのでしょうか。

私は老人に聞いてみます。

「寒くないんですか?」

すると老人は仕事の手を少しも休めずに無愛想に答えます。

「寒くない」

私は次の言葉も出ないままその場に立っています。

こんなところで一旦霊視がとぎれたので、私は起き上がってこれまでの霊視内容をメモにとりました。

そして再び横になりますと、また別の霊視が次から次へと待ち兼ねていたように出て来ます。私に自分の思いを伝えたい死者たちが順番に姿を見せて来るのですが、それにしても人影の少ない荒涼とした風景ばかりです。

私は今度は雪の深い山を登っています。

よく漁師さんなどが使っている腹のあたりまでつながった長靴を私は履いています。裸足ではありません。

一面の雪と思っていたのに、よく見るとそこかしこに黒い土が顔をのぞかせています。雪解けの時期なのでしょうか。

しばらく歩いた感じがして、いつの間にか私は古びたお堂の前に立っていました。

どこからか読経の声が聞こえてきます。耳を澄ましてよく聞いてみると、小さな女の子の甲高い声が混じっていて、それも一人ではなく二人いるように思えました。

その時、私のすぐ近くに人の気配がして、どこかで会ったことのあるような女の人が来てお堂の前に花を置くのですが、見るとその花は葉っぱばかりで花がまるでついていません。ついていないだけでなく先端の茎先が折れてしまっているのです。

と、こんなあたりで霊視が終わりました。

起き上がってみても、まだ暗い思いが身体の中に鈍く残っているような、そんな終わり方でした。いつものように今見たものの記憶をたどりながら霊視の内容をノートに記録しましたが、一つ一つの映像はとてもはっきりしていましたので、四十一才の母親でも、くわしくご説明することで多分死者を特定できそうな気がしました。

福島県からですから随分朝早く出発されたのでしょう。約束の十一時半にきちんと到着された母親を前に、私は早速霊視内容の説明に入りました。

霊視には小説や物語のような理詰めの表現はありませんが、細かい情景の一つ一つに死者の強烈な思い出や心情が込められています。直接的に言葉にできないという不自由さの中で一生懸命に何かを言おうとしています。

ですから、ちょっとした情景にも深い意味を託していますので、私はそれを漏らさないように気をつけながらメモを頼りに説明して行きます。

ところが、謎めいた情景の数々からさっぱり手掛かりがつかめない様子で、母親はしきりに首をひねっています。やはり年齢的に知っている先祖というと限りがあるので無理なのでしょうか。

しかし嬉しいことに、情景から考えてどうやら彼女の母方の祖父に関わる人々ではないかというところまで、この日のうちに絞りこめて来ました。

彼女の祖父の両親が、今から数えればはるかな昔に、福島県の家など一切を処分した僅かな金を手にして北海道へ移住したことがあるらしいのです。

そんな話を親から聞いたことがあるといった程度のウロ覚えのことですので、それ以上は福島県へ帰ってからよく調べていただくということにしてこの日は終わりました。

●いまだに続く切なさつらさ

一ケ月ほどして電話があり、やっと少しわかったということでした。

彼女の母の父、つまり祖父は福島に残ったのですが、祖父の兄か弟は両親と一緒に北海道へ渡ったようでした。

おそらく新天地の開拓ということだったのでしょうが、想像を超える厳しい自然条件の中で大変な苦労をしたものと考えられます。

兄か弟の人は、北海道で農業ではなく漁業をしたらしいのですが、その貧しさはとても口では言えないほどのものであったようです。

とても生活できないから、いっそ恥を忍んで福島へ舞い戻りたいというような手紙も彼女の祖父のところへ来ていたようです。

しかし福島は福島で、かって親子で家をたたんで北海道へ渡ったことから考えても、一族みんながかなりな貧しさであったに違いありません。福島に残った祖父にあたる人だって、北海道の一家を救済するどころか自分の暮らしにさえ追われていたのでしょう。

この祖父は、なんとか北海道へ行って親や兄弟を助けてやりたいと思い続けたまま、ついにそれを果たせずに悶々の思いで死んで行ったのだそうです。

北海道にいた兄弟がその後生活苦から自殺してしまったというような話も、はっきりとはしないけれども今回の調査で浮かび上がって来たということでした。

この話を聞いた途端に私は、あの刃物を研いでいた浴衣一枚の老人を思い出しました。

祖父の父親なのでしょうか。が、助けに行きたくても雪原に裸足では歩くことさえ叶いません。

「こんな姿さ」と不機嫌な父親に「寒くないのか」と、つまらぬことを尋ねるほか何もできなかったつらい思いがあらためて胸を締めつけます。

たった一枚の干物をくれた老婆は祖父の母親なのでしょう。こんなものしかやるものが無いよと泣いていたのかもしれません。

お経の中の幼児二人の声は、極寒の中で死んでいった子供たちであり、しかもその子供たちを慰めるにも満足な花一つお供えできなかったという切なさを訴えて来たかったのでしょう。

私は福島からの電話を切った後、しばらく胸が詰まる思いで立ち尽くしていました。

祖父の親とか兄弟なら本当にごく近い人たちです。昔でもなんでもありません。ちょっと調べればこうしてどんどん生前の姿がわかって来るではありませんか。それなのに自分の息子が自殺して、それから何年もたって、私から言われて初めて祖父の胸の内に秘められた悲しみに気づいたのです。

大体が遅すぎます。でも、これからでも一生懸命に供養して行くことです。

確かに自分の息子を自殺に導いたのはこうした先祖たちではありますが、しかし、生前の切ない思いの数々をこうして霊視によってなまなましく知った後は、もう恨んだり憎んだりできるでしょうか。浮かばれていない愚かな先祖たちと軽蔑することができるでしょうか。

それにしてもです。なんという哀れな死者たちの執着でしょうか。

死んで既に数十年がたっています。それなのに彼等は極寒の中の貧しい暮らしからいまだに意識が離れていないのです。苦しさの中で自ら生命を絶って、なお苦しみから逃れられずにいるなんて哀れが過ぎるではありませんか。

私はこの死者たちの一日も早い供養を心に決めました。そして、肉体生活上の貧しさも寒さも、悲しみも苦しみも、すべては遠い昔に終わってしまっていることを話して聞かせて納得させなければ可哀想です。

私が常々供養を説き、供養によって死者の地上生活への執着を解いて成佛していただける立場に在ることを、こんな時には本当にありがたく思えてしまうのです。

いかがでしょうか。たった一つの事例ですが、私がおこなっている霊視というものの概略はご理解いただけたでしょうか。また、死者の表現は、今の事例に現れたようなものが彼等にできるぎりぎり一杯の精一杯のものであって、決して簡単明瞭なものではないこともおわかりいただけたかと存じます。

二、見えるだけでは霊視と言わない

●御佛《カミ》が私を使う

最近、この霊視という言葉が随分いい加減に使われているので、私は大変迷惑に思っております。あちこちで散見します霊視と称するものは、私がおこなっているものとかなり違うというだけにとどまらないのでそれで困るのです。

遠くにあって見えるはずがないのにちゃんと見えた、大昔のことで見えるはずがないものをみごとに見て来た、死んでしまった人が今何をしているかを見て来てくれたと、普通の人間ではとても見ることのできないものを、不思議な力によって見てしまうことを霊視と呼んでいるようです。

しかし、見えるとか見えたとかいうことは多分に主観的なものなので、事実見えたかどうかということになると確かめようがありません。ですから故意に人を欺くことも簡単にできるわけです。

そんなインチキは論外としまして、前にも触れましたように、憑依霊ならばこの三次元の世界に拘束されることなく、いつでもどこへでも飛んで行ってその先のものを容易に見て来るということを思い出して下さい。

見て来たことが追認されて、人々から感嘆の声をあげてもらうのが大好きな霊なら、いくらでもその作業を繰り返して見せてくれることでしょう。

しかしこれは、憑依霊がしているいたずらに近い作業にすぎませんし、第一、何かを見た見えたという視覚上のことだけで、それ以外の何ものでもありません。それなのに見えてしまう自分にびっくりして、自分にカミが乗り移っていると信じてしまっている人物をテレビ画面などでよく見かけます。なんのことはない、この人は或る死者に憑依されてしまっているわけで、実は精神病の症状のひとつの形を呈しているだけのことです。

ところがこうした類いの方が数も多いし、そんなものに慣らされてしまっているのでしょうか、大体の見当で多分こんなものだろうと不用意に私の霊視に接しようとなさる方が時々あります。が、これでは私の霊視の説明をお聞きになっても、何が何やらわからずにキョトンとするだけとなってしまいます。どうぞ世間で聞き慣れたような解釈でお始めにならぬようお願いいたします。

見えるということの間違った取扱いが、せっかくの死者との接点を再び闇の中に押し戻し、この絶好の機会を待ち続けていた死者たちの期待を無残に踏みにじってしまうことが残念でならないのです。

この私は、死者から受け取った訴えをその一族の方々にお伝えするというのがカミから与えられた役目なのですから、私が受け取ったそのままを素直に正しく理解していただかないと、私の役目が果たせないばかりか死者の方々に大変申し訳ないことになってしまいます。

そこで、この章の大部分を使って私の霊視がどういうものなのか、大切な要点を中心にしてその詳細を記してみることにしました。読者の皆さんにお目にかかってご説明しているつもりでお話してまいります。

まず最初に申し上げたいのは、私の霊視は、私が「どうぞ見せて下さいますように」とカミに祈り、その祈りの力によって見えるというものではないということです。

世間で「見える」と称する人たちはすべて自分の力、または自分の祈りの力で見えると言っているようですので、その方がわかりやすいかもしれませんが、残念ながら私は単なる人間であって私自身がカミみたいなことをできるわけがありません。

私の場合は、死者たちのほうから死者たちの意思で私に姿を見せて来ます。

見せられた内容をそのまま、その死者の子孫とか家族とかいった供養をするべき立場にある方々へ確実にお伝えして、死者の望みである供養へと進めて行くのが私の役目です。

もう一度申し上げたいのですが、私は普通の人間でカミであろうはずがありませんし、私が何か不思議な神懸かり的神通力を使ってあの世を覗いて来るわけでもありません。

そんな特殊眼鏡みたいな便利で都合のいいものがあったらいいと思いますが、それで簡単に死者がわかってすぐ供養して、それが本当の供養になるでしょうか。カミは決してそんなことをさせては下さいません。

確かに、私は見ることができます。しかし、私が死者たちから見せていただくものは死者たちからの一方的な思いの表現であって、そこに私の意思など全く入る余地がありません。ですから私は、死者たちから見せていただいたそのままをあなた方にお伝えするしかないのです。これが私の霊視の最も大きな特徴と申せましょう。

そんなわけですので、さあ霊視だといっても私は特別な作法はいたしません。ただ単にその日霊視することになっているご家族の上に私の意識を合わせるだけです。何もしません。

何もしませんと申しますと、呪文だとか祈禱だとかいうような何の術も施さないのに、どうして死者が姿を見せてくれるのだろうと疑問を持つ人がありますが、これがもうすでに間違った知識で頭が凝り固まっている証拠です。もし何かの術によって死者が見えたとしたら、私はそちらの方がよほど疑問に思えます。

しいて私が何かをするというならば、それは、カミのご裁量に一切をお任せして天地大自然の前にわが身を投げ出す……このことだけです。

●見せて来るありし日の姿

具体的にはこういうことです。

今夜は〇〇家に関わる死者の方々に、私の意識が飛んでいってお目にかかって来るのだなと、そんなことを思いながら私は寝《やす》みます。すると、その日が○○家の霊視と予約されていることを、カミはどう承知してどう手配なさるのでしょうか。翌日私の寺においでになることになっている○○家の人々に対して何かを告げたい死者たちが、その思いの強さの順に、その夜次々と私に姿を見せて来ます。

これは夢とは全然違うもので、私は一度見せていただいた霊視については何年たっても記憶しています。私も皆さん同様に夢は翌朝になればすっかり忘れてしまっています。

それはさておき、次々に霊視として登場される死者の様子を、私はお一人ごとに起き上がってノートにメモとして書き留めます。

そして翌日おいでになった○○家の方に、このメモを見ながら「こんな人がこんな所で、こんな姿でこんな事をしていました」と、お伝えするわけです。

私は自分をお使いになっているカミのお考えのままに、死者たちが私に伝えてくる表現をそのまま素直にしっかり見て受け取ります。死者もまた待ちに待ったこの絶好のチャンスを利用して、唯一の通信手段である私の意識の中に、自らの姿を不自由ながらも一生懸命に見せて来るのです。

私の霊視のもう一つの大きな特徴は「霊障をあなたの家にもたらしていたのは誰々さんである」などと、私が死者を特定してお伝えすることはしません。

つまり、お宅のお祖父さんが出て来たとか、曽祖母が浮かばれていないとか、私が死者は誰某であったと名指しはしないということです。

私が見たものを私の口から聞いて、それが誰方であるかをあなたがわかってあげて下さい。

すぐにわからなければ、あなたが調べて誰方なのかを見つけて下さい。

「何代前の先祖の○之助という名の人の祟りだ」

どこかでこんなようなことを、断定的にしかも厳かに言われた経験があなたもきっとあると思います。しかし、その○之助さんという人物があなたにとってどういうつながりのご先祖なのか、また、どうして祟っているのか調べようがありません。したがって、ただやみくもに「きっとそうなのだろう」と思うことにするしかありません。

「あなたのお祖母さんが今あなたの右肩の上に来ています」

などという霊能者もまた最近多いようですが、かりにその霊能者の目に本当に一人の老婆の姿が見えたとして、どうしてその老婆がお祖母さんにあたる人であると断定できるのでしょうか。曽祖母か、祖母の姉妹か、それとも母親かもしれません。

一度も会ったことのない老婆の姿を見た場合、私はただ「年をとったお婆さん」と申し上げます。そのお婆さんが祖母なのかどうかはあなた方で特定して下さい。すぐにわからなければ調べてそして探し当てて下さい。

霊視の中で老婆の姿を示したならば、それで多分あなたが早く誰と気がついてくれるだろうと、そう考えたあなたのご先祖の或る女性の、哀れで一生懸命な思いの表われです。若い時の姿のほうがよかろうと思えば若い頃の姿を見せます。

とにかく、あなたが一番わかりやすい姿で自分を説明しようとしているその人に、あなたの優しい手をさしのべてあげて下さい。

とにかく私はあなたの親類でも何でもない他人です。その他人の私があなたの先祖のいろいろな過去の事実をはじめ見たままの姿・顔形・状況・仕事ぶりなどをできるだけ正確にお伝えしますので、それらの材料を手掛かりにして、それが誰方なのかはあなた方の方でよく考えてみて下さい。

仕事の内容と景色でいっぺんに誰さんだとわかった時など実に感動的です。

また、いっぺんにわからないからといって簡単にあきらめてしまわずに、霊視の内容を理屈ではなく死者の気持ちになって視野を広げながら検討することが大切です。

三、霊視から供養へ

●死者の身になって感じる

私の霊視はなんとも不便なもので、一切合切を親切丁寧にサービスよくお教えするというものではないことがおわかりいただけたかと存じます。

つまり霊視というものは、これからスタートする「供養のある暮らし」の入り口であって、霊視で今の苦しみの原因がわかればそれで終りというものではないということです。

霊視をもとにこれからいろいろ調べて行かなくてはなりません。

いつも思い出しては家族の中で話題になっていたような人なら調べる必要もないわけでして、これから探さなければならない人というのは全く忘れられている人か、または、いい加減な教えや姑息な因習によって皆で知らん顔して来てしまった人です。ですから調べはそう簡単なものとも思えません。

しかし、あなたの家族に意識を送って来ている死者を、供養によって成佛していただかない限り今のあなたの苦しみの解決はないのですから、その死者をなんとしても探し出さなくてはなりません。

探し出したいと願うあなたの前に、死者自身からの通信が霊視という形で提供されるのです。こんなありがたい貴重なカミのご手配は無いと思います。

調べることを面倒がったり、何も手をつけないうちから尻込みしたりするのだったら、その人はまだ本当に困っていないのですから、霊視をしない方がいいのです。

供養につながって行くと期待するからこそ死者たちは私の霊視の機会を使うのです。霊視をしたのに死者たちが誰なのかと特定する作業に少しも入って行かないのでは、死者たちだって怒るだろうと思います。

霊視内容の説明をします時に、私はその説明を録音しておいてお帰りの際にテープをお渡ししていますが、それは内容を後で繰り返し聞いて、手掛かりとなるヒントの聞き漏らしの無いようにするためです。そして、まだお元気で長命な親戚の老人がありましたらその人にテープを聞いていただくようにと申し上げております。

そういうお年寄りはまさかと思えるほどよく昔のことを知っているものです。そんなところから半ば諦めていた死者たちが一気にわかって行った例がたくさんあります。

調べる方法はさまざまで、どれがいいなどと簡単には言えません。

古い墓石に掘られている文字をよく見て名前や年代・続柄を調べてみたり、戸籍（除籍謄本など）を順に上へ上へと辿ってみるのもかなり効果的な方法です。ご先祖ゆかりのルーツの土地を訪ねてみて菩提寺の過去帳から探るのもいいでしょう。もちろんその土地に縁続きの人が住んでいるなら訪ねて行って話を聞いてみることです。

そんな努力の中から霊視に姿を見せた人物を探り出すことができるのです。

ただ、霊視の中の手掛かりは、推理小説のそれのように理論的に設けられたものではないことを忘れないようにしていただきたいと思います。

死者たちの表現は決して理屈の通った論理的なものではありません。「思い」というまことに摑み所のない独特な表現をして来ますので、裁判の証拠固めみたいに理詰めで考えたのではさっぱりわかって来ません。

そんなことよりも、その死者が「何を思いわずらい何を言おうとしているのか」ということについて、霊視をヒントに幅広く触覚を働かせて自由自在に察してあげて下さい。固い頭では駄目です。自分も死者の思いの世界に入って行って、繰り返し繰り返しその死者の身になって「感じて」みることです。

とにかく死者の魂とこちらの魂を重ね合わせるつもりで、とことん素直な心になって探して下さい。所要時間は別として、不思議なことに必ずわからせていただけます。

ところで、霊視の中では「私」という人物がいろいろな所を歩いたり人に会ったりしますが、この「私」というのは萩原玄明ではなく、この霊視の機会を使って来た最も大切な中心的な死者であるということも今から承知しておいて下さい。

一回の霊視にはおよそ四、五人の死者が出て来ますが、その方々を仮にA、B、Cさんといった名前とします。すると「私」という立場で登場する人物はAさんで、このAさんが或る風景の中を歩いたり、悲しいと思ったり、嬉しいと思ったり、懐かしいBさんやCさんに会ったりします。

Aさんは、自分とBさんたちとの関わり方を見せることで、あなた方子孫が多分自分のことをAとわかってくれるに違いないと期待するのでしょうか、その説明材料としてBさんたちを登場させます。そして同時に、生前にBさんたちに対してとった自分の行為について自分がいまだに苦しんでいるのだと告白するような思いまでも表明して来ます。

ですから私が霊視内容の説明をします際に、「私は賑やかな町を歩いている……」というように「私」という言い方をした時は、それは萩原玄明ではありませんでAさんのことなのです。「私といっしょにいるのはBさんのように思える」という説明をした時は、それはAさんといっしょにいるらしい人はBさんだということです。

そしてついでにわかることは、AさんとBさんはいっしょに歩くことがあった関係の人たちであるということです。AがわかればBがわかり、Bが誰とわかればAもわかって来るはずです。こんな要領で説明を聞いていただきたく思います。

私・萩原玄明はAさんになっていますので、こんな場合もAさんという人物の顔がどういう顔か全然見えません。しかしBさんの顔は見えていますので、どんな顔であったかを説明の際にお話しすることができます。

生前の或る時期・或る瞬間の姿ですので、何十年も昔の人だからといって必ずしも年を取っているわけではなく、幼い頃や若い頃の姿など、年齢の見せ方はさまざまです。

このように一回の霊視に何人かの死者たちが出て来ますが、この死者たちこそが今あなたに影響している最も思いの強い人々なのです。

そしてこの一回の霊視に出てくる死者たちは、あなたの肉親のどこかの系列に属する人々のグループであって、たとえば誰かの配偶者の方といったような別の系列の人々が出て来て一緒に混じり合うということは不思議に無いのです。

ですから、あなたの霊視前に考えていた想像や見当とは大きく違ったなんとも意外な人々であっても、この人たちこそが最も強い訴えをして来ているのですから、何をおいても真っ先にこの人たちを供養しなくてはいけません。

●霊視は供養への入り口

ところで先ほどから供養という言葉が出て来ています。

ここで言う供養というのは広義のそれではなく、私が私の寺で実施している供養のことです。

ごくごく簡単に説明するならば、霊視によって特定することができた死者に対し、

「あなたの肉体はすでに消滅して今は魂として生きていることを自覚し、地上へはもう意識を送ることなく魂の故郷へお帰り下さい」

という意味のことを一心に申し上げる私独特の供養行事です。

これによって死者は完全に帰るべき所へ帰って行きます。安らかに成佛して二度と地上へ戻りません。

ということは、その日までこの世の者の肉体を占領していた死者の意識が、成佛によって離れて行くということです。確実に去って行くのです。

従って、死者によって奪われていた人間の魂は、その成佛して行った一人の死者の分だけ本来の姿を取り戻すわけです。

そして、一人また一人と供養を続けて行くことによって、症状のひとつひとつが次第に軽減して行くことになります。

これが「治って行く」「消えて行く」ということの基本的なメカニズムです。

ですから、供養が供養としてきちんと確実になされなければなりません。

たとえば、何人かの死者をまとめて供養するというようなことをしては、供養が供養になって行かないのです。これまでのように、簡単に要領よくをモットーとする生活姿勢そのままに、何人かの分をまとめて済ませて来た間違いをもう絶対にしないことです。

必ず一人ずつです。

一人ずつでなければこちらの心が死者に伝わって行かないということは、もう確実過ぎるほど確実なことでして、このことをちゃんとして来なかっただけでも長い間の佛教の習慣が間違っていたと私は申しております。

そんなわけですから、最初の霊視によって仮に五人の死者が出て来て、その五人全てが誰々さん（仮にAさんからB、C、D、Eさんという名前とします）と特定することができたとしますと、供養はAさんからEさんまで一人ずつして行くことになります。

それにはそれなりに日数もかかります。

そんなに簡単なことでもありません。が、手早く簡単にということでは供養にならないのです。

ところで、こうして霊視に出て来たすべての死者を供養しますと、症状が明らかに好転しますので、治った治ったと供養を中断する人がありますが、それでは供養を薬か手術のように「すれば効く」ものと考えていたことを露呈するようなものです。

確かに数人の供養でケロリと治ってしまうこともありますが、それだからといってすぐに供養をやめて元のままのくらしに戻ってしまっていいものなのでしょうか。そんなことでご先祖に顔を向けられますか。

いずれにしても、一回の霊視によって数人の死者を発見し、一人一人供養をして行くことで、まず、どなたもびっくりするほどの結果を必ず体験なさいます。

以前とは比較にならない回復ぶりにいっぺんに未来が開けて来ます。

が、はっきり申しまして、この状態は完治とは言えません。

本当に残念ですが、死者の数は決してそんなものではないのです。

僅かな数の死者の意識作用では、そもそも精神病という症状にはなっていなかったといってもよいと思います。

ですから、まだ浮かばれていない人々をもっと探して供養して行くために、言い換えるならば、まだ憑依を続けている死者を更に見つけるために、もう一度霊視をします。

症状によって、また、子孫としての気持ちによって、霊視を二回目、三回目と重ねて行くこともよくあります。

とにかく最初の霊視の次に行う二度目の霊視には、まるで順番をじっと待っていたかのように、一回目の時の死者たちとは全然別の系統の人たちが出て来ます。また、そうかと思うと一回目と同じグループの続きのF、G、Hさんといった人たちが引き続き登場して来るということもあります。

が、いずれの場合も、すでに霊視の後にちゃんと供養された死者たちは、その供養によって間違いなく成佛してしまって、それ以後の霊視の中に、再び出て来るということは絶対にありません。二度と再びこの世に舞い戻って何かを訴えるということは無いのです。

ひょっとするとこの辺で、

「霊視にはそんなにたくさんの死者が出て来てしまうのか。そんなにたくさん供養しなければならないのか」

という言葉があなたの脳裏を走り抜けて行ったのではないでしょうか。

お気の毒とは思いますがさっきも申しましたように、精神病に関する限り、とても一人や二人の死者で済む話ではないのです。

なんとなく仕事がうまく回転しないとか、身体のどこそこが痛んでしかたがないとかいう「霊障」とはまるで違うのです。この世で最もきつい訴えと言ってもいいでしょう。

ほんの何人かの供養をしたことで驚くほど快方に向かって、僅かな期間ですっかり完治するということもあれば、何十人もの供養をしてやっと変化が見えて来たというお宅もあります。

どうしてそうした違いが出るのか実証的に把握できたパターンはありますが、限られた紙面で説明することは不可能でもありますし、また理屈や理論の形で説明しますと弊害が必ず伴います。

ただ、供養によってどう暮らし方の反省ができたか、そこに全てがかかっているということだけは今ここではっきりと申し上げることができます。

いずれにしても、供養を重ねて行くしかありません。

確かに大変なことです。

が、これしか治す道はありませんし、また、現実に治るのです。

大変な道を進みながら、それが少しも大変でなくなって来るのです。そして不思議に大変と思わなくなったその時が治る時なのです。

ここまでぜひ体験なさって、治ったという結果を手にされた多くの方々と同様に、いつの日か必ず私といっしょに涙しながら喜び合えるよう、私は今、誰に祈るのでもなく、あなたに祈りたい気持ちです。

とにかく、霊視に登場して来た人物が誰なのかをなんとしても特定しなければ、肝心の供養に進むことができません。

が、霊視に示された状況が今まで一度も耳にしたことのないもので、何のことやらさっぱり見当がつかないということもしばしばあります。ですが、そんな場合でも「自分がわからないのだから仕方がない」とあきらめてはいけません。

すぐにわからないというのはむしろ当然というべきで、霊視を使って来ている方々から見れば、あなたなどはつい今しがた生まれた赤ん坊みたいなもので、たとえばあなたの親の親の親がどう生きて何を思っていたかなどということについては無知そのもののはずです。

だからこそ今、そのことについて一生懸命に調べて知るべきであって、自分がわからないからといって勝手にあきらめて、それで通るほどあなたは偉くもなんともないのです。自分中心に判断したのではカミだってお力を貸して下さらないと思います。

たとえ時間がかかってもあきらめずに調べることです。簡単にわからない状況になっていること自体に実は大きな意味が必ず含まれているからです。

たとえば、Aさんについて調べ始めたことで、予想もしていなかったBさんやCさんが次々と連鎖的に判明して行ったというようなことも驚くほどたくさんあります。霊視というものは、それほど人間の知恵のとても及ばない、奥行きの深いものです。

死者というと、両親あたりのそんなごく近いところにしか考えの及ばない人が意外に多いので驚かされますが、霊視はそんなところばかりが出て来るものではないのです。

曽祖父母もその親も兄弟も、そのまた配偶者だってみんな縁ある方々です。

両親の親、つまり祖父母となると自分は何も知らないので、もし霊視に祖父母が出て来てしまったら自分にはまるでわからないだろうと、最初からあきらめたことを言う人がいます。

しかし、その人の両親は、自分たちの親についてのことを子供に一言も語らずに亡くなって行ったのでしょうか。もしまだ幼い頃にその両親が亡くなってしまっているならば、確かに両親から上の世代についての話を両親から聞けなかったかもしれません。

しかし、それだから親の上は何も知りませんわかりませんと威張って言える道理にはならないのです。

人間、木の股から生まれたわけでなし、祖父母という極めて近い血縁の大事な人々のことを、いい年になる今日までの間に、どうにだって調べられたはずではありませんか。

どうして関心を持って調べなかったのですか。

関心を持たずに暮らしたことは、天地大自然の法則に反したことです。

いろいろな事情が世の中にはあります。祖父母について何も知りたくないという事情だってあるでしょう。が、その事情に甘え、その事情を逆手にとって、それゆえに祖父母を知らないと言い張り続けて今まで来てしまっては、祖父母だって両親だってもう霊界から何かを告げて来ても少しも不思議ではないではありませんか。

祖父母についてのほんの噂話一つでいいのです。ただの一つも耳にできなかったはずは絶対にありません。

霊視という機会にぜひこれまでの生き方を反省して、先亡の人々にあなたの心をたむけてあげて下さい。

●複雑な家系こそ

私の寺ではいよいよ供養という段階には、その死者の「俗名」と「命日」の二つはどうしても必要ですので、この二つはなんとかわかるように頑張ってみて下さい。

が、今まで手もつけていなかった筋の方々だから、これから調べるとなるとわかるまでにかなりな時間がかかりそうだと、不安とあせりで一杯になる方がいらっしゃいます。

お気持ちはわかりますが、今日まで何十年も放っておきながら、息子や娘のことで急にあわてている自分の姿を今こそ厳しく反省するべきです。

しかしそれはそれとして、調べて探す時間まであせっても仕方がありません。

探すことも一つの供養というものですし、死者にとっては、そんな調査の時間ぐらいはたとえそれが一年かかっても、ものの一分間程度にしか感じていないかもしれません。

しかも、死者はあなたが調べを進めて行くと、あなたに力を貸して下さることがよくあります。とても常識では考えられない展開でどんどんわかって行く時など、それがまさしく死者の切々たる思いの働きであることが体感できると、皆さんがよくそうおっしゃっています。

「うちの家系は複雑で、だから調べるのは難しい」

そう言って尻込みする人があります。

複雑だということは親子・夫婦・兄弟という基本的人間関係が当たり前の形ではないということで、つまり或る時、家族を形成するにあたって人間の欲得や世間体を優先して、無理な、強引な形を人為的に作り上げてしまったことが原因となっています。

そうした無理と強引が家系を複雑にし、家系のあちこちに後悔と反省に苦しむ死者をたくさん生むことになってしまったわけです。

ですから複雑だからと尻込みができないばかりか、複雑でない家よりももっと今やらねばならぬことが多いと覚悟してかからなければなりません。霊視に出て来た方々を誰だ誰だとあわてて探すのではなく、霊視をする前から、家系を「図」に整理するなりして、複雑な関係を誤り無く掌握しておいて下さい。

霊視は、霊視の後に一人また一人と順にご供養をして行く「新しい暮らし」の厳粛なスタートラインとなるものです。

ただ見て、誰々とわかる不思議な術程度にしか霊視を認識していない人には、何故か霊視は全く出てこないのです。また、そんな程度のお考えの人だなとお見受けしたならば、私も霊視をしておりません。

しない方がいいのです。死者の魂をもてあそぶことなど私には恐ろしくてとてもできないからです。

霊視への正しい理解をなさって、あなたのお気持ちをきちんと作っておけば、死者たちはきっと明快な主張をして来て下さると思います。

また、探す作業をするにしても、その方々にあなたの優しい心がきっと届いて、そんなに遠い先ではなく必ず解明させてもらえます。不思議にわからせてもらえるのです。

VI

供養で学ぶ「治る」道

一、いつも供養のある暮らし

●一人また一人と成佛して行く

精神病とは一体何なのかというお話から始めて、今ようやく供養の一番大事なところに来ています。

私の寺で実施している供養という行事も、若干の形というか作法というかそんなものがありますが、しかし、それはあなた方の供養の気持ちを作るための小道具として私が設けたものに過ぎません。

もしあなたの魂が死者の魂に直接触れて優しく声をかけたり会話したりできるならば、形も作法も本来は一切不要のものです。

供養というものはこんな風に定義してもよろしいでしょうか。

浮かばれていない死者たちが待ち望んでいた、あなたの「心」の優しい応答、それが供養というものですと。

確かに死者一人分の供養によって一人分の症状が消えて行きますが、何度も申しますように供養は薬とか手術のような物理的なものとは全く異なった世界のものです。ただ実行すればそれだけで効果が現れるというものとは次元が違います。

ただ治すための物理的手段として供養をしても、それでは肝心の成佛ということになって行かないので困ります。

くどいようですが、供養が真に死者の魂を安らげ死者を浄土にお帰しするものとなるには、あなたの純粋に死者を思いやる心一つにかかっています。

浮き世のしきたりとか経済上の都合とか、そんなものばかりを大事にする子孫の生活姿勢の犠牲になって、無関心と忘却という最悪の場所に長い間押し込まれたままになっていた死者たちにとって、供養をしてくれる子孫の心に接した時の喜びはいかばかりでしょうか。どんなに嬉しいかそれはもう想像もできないほどのものに違いありません。

ですから、人間と生まれてこんな良いおこないというものは、そうそう他にあるとも思えないほどです。

供養とはそれほど価値のあるものなのです。

なにしろ浮かばれていない魂というのは、生《せい》でもない死でもない中途半端の谷間みたいな所にとどまって、まるでストレスの塊みたいなものの中でずっと苦しみ続けていたわけですから、供養されて自分の肉体の消滅を悟り、悶々たる悔悟の思いから一気に解放されたとしたら、その嬉しさというのはそれは格別のものでしょう

成佛とはこのように死者にとって大きな喜びを伴うものなのです。

理由はもうよくおわかりのように、私の寺ではたった一人の死者の供養をしてそれで終わりということは絶対にしませんし、ありえません。

精神病という形で訴えて来たのは一人や二人ではなく必ず複数の死者たちですので、その方々がすべて安らかに帰るべき所へ帰って行かれるまでは、その間隔の長い短いは別として、

お一人またお一人と供養をして行きます。

また、複数の死者たちを一回にまとめて「先祖代々」などと呼んで供養することも絶対にいたしません。

そんなことで精神病がもし治るなら、あなたのお宅だってそういうことをいろいろやって来たのですから、とうにその喜びを手にしているはずです。

いまだに治っていないのなら、同じことをいつまでも続けていてはいけません。

供養は一人ずつ、しかも成佛していないすべての死者についてして行きます。

すべての方々の供養を済ませるにはあなたの一生かかるかもしれません。

あなたでは終わらずに、もうその頃にはすっかり元どおりの元気さを取り戻している息子さんや娘さんが、あなたのやり残した分をちゃんとやってくれるかもしれません。

そういうことでもよろしいではありませんか。

供養によってあなたの子たちも孫たちも、もうあなたと同じ苦しみを死者たちから受けることは無いし、あなたもまた供養をしたことで死後に後悔することも無く、従って子孫にすがるような死者になってしまうこともありません。

先のことはさておき当面のことだけで申しましても、供養を重ねて行くことで死者たちが次々に成佛するのと同時に、あなた自身の精神生活がそれまでとはくらべものにならないほど豊かで平穏なものに姿を変えて来るのにご自分でも驚くことでしょう。

身辺の何も彼もが次第次第に明るい回転に転じて来るのです。

不思議に整って来ます。変なことが起きなくなります。

そうなった時が、あなたの家から本当に精神病が消える時なのです。

それまで家中で泣いた症状が一つ一つ軽減して行って、やがて元どおりの身体に戻るのを確かな事実としてあなたが体験できるのもそんなに先のことではありません。

拝んだり祈ったりするだけのあなたでは、カミも救いの手を差し延べようがなかったのです。カミの法則に叶い、しかも、あなたを守護し導いて下さる霊団のパワーが発動するためには、あなたのこれほどまでの素直な行動が長い間待ち望まれていたのです。

霊団という言葉がまたまた出て来ました。

供養によって迷わず地上を離れて行った死者は、魂だけで生きる清々しい世界に帰って文字通り「佛に成る」わけですが、さて、そこは一体どんな所なのでしょう。

極楽浄土という所は何段階に分かれているとか、とても美しい所だとかまるで自分が実地踏査して見て来たかのようにいろいろ言う人がありますが、残念ながら私は覗いたことすらありません。霊視にだってそこの景色を一度も見せていただいておりません。

ですからどんな所かよくわかりませんが、しかし、どうも人間は魂というものになってどこかで確実に生き続けているのは確かなようです。

浮かばれずに迷っていた時のような不安定な中途半端な所ではなく、佛として存在しているその場所というのは、どうもイメージ的には高い所にあって、私たちこの世を生きる人間たちすべてを見渡せる所のような気がします。そして、そうした場所から子孫たちに暖かい愛の視線を常に注いで下さっているように思えます。

この佛たちが背後にある霊団として子孫を守るという高度な作業を目立たぬようにそっとなさったり、また、子孫に厳しい体験をさせながら結果的には一番いいところへと導いてくださって下さったりしているのに違いありません。

●ご先祖に守られ導かれ

いつも本を書いて出版いたしますと、その都度、たくさんの方々と新しいご縁ができます。私の本を読んで、初めて自分が今まで何をして来たか、これから何をして行くべきかがよくわかったとおっしゃってお訪ね下さるのです。

その度に私は、いつも必ずその方々の背後に大きな意思が働いているのを感じて敬虔《けいけん》な気持ちにさせられます。

というのは、まずどうして私の本に触れられたかということから大変な不思議に思えてしまうのです。

この本もそうです。大量出版方式でたくさん売って儲けようという本とは仕組みが違いますので、そんなに大量に本を作っておりません。広告にしてもTVコマーシャルで宣伝するようなことをしているわけがありません。

小さな新聞広告にどうしてあなたの目が行ったのでしょう。本屋さんの書棚にしても同じことです。

ご承知のように出版先進国の日本では本屋さんの店頭に本が溢れています。置き場に困って目につく棚にはそんなに何日も置かれていないとも聞きます。

そんな中でどうしてこの本を見つけることになったのでしょう。

もちろん関心をお持ちのテーマなのでふと目が行ったのでしょうが、もし、それだけであったならこの本をこの終り近いページまで絶対にお読みになっていないと思います。

ましてや、遠距離を厭《いと》わずに私の寺とのご縁を積極的に作られるにいたっては、これはもう一人の人間の意思でしていることではありません。

これは、あなたが、苦しみの中からようやく本当のものを学べる段階に来たと判断されたご先祖たち背後霊団の佛たちが、大きな視点に立ってなさっていることでなくて何でしょうか。まだ成佛しないで哀れな立場にある一族の死者たちを供養し、日常の生活でもカミの法則から足を踏み外すことのないようにあなたを導こうとしての偉大な力によるものでなくて何でしょうか。

実際に、供養を重ねて行くという暮らしに入りますと、それまでの暮らしのなんと自分中心の醜いものであったことかとびっくりする自分になって来ます。

私の申しております天地大自然の法則・カミの摂理というものがよくわかって来て、それから外れることのない正しい暮らし方に変わって来ます。

いつも供養というものがある暮らしをしていますと、あなたの背後にあっていつも守護し指導しようとしておいでのあなたの佛さま、つまりご先祖さまから実に的確に「教え」が来るのは確かなことなのです。

こうした血の繋がった方々の目に見えないお力添えというものは、この私という人間にも同じように作用して来ています。つまり私のご先祖や、近いところでは祖父・父・兄はいうまでもなく祖母も母も力を貸してくれているのだろうと思います。

いいや、少しでも世のため人のためになろうとしている私の前にいつも道を開いて下さる方は、並大抵の佛さまではないような気がしています。

目に見えないので、申し訳ないけれども一括してカミとお呼びしてしまっていますが、ひょっとするとその呼び方で間違いが無いほどの、私の父や母よりもっともっと上におられる偉いご先祖様なのではないでしょうか。

壁にぶつかって悩み抜く私に、決して簡単に道標をお示しにはなりませんが、いくつもの苦しい試練を体験させた後に、必ず一番正しい決着のところへ導いて行って下さっています。

その偉大な力、奥深い配慮に感動して、私は何度「どうかお名前をお聞かせ下さい」とお願いしてみたことでしょう。

曽祖父か曽祖父を生み育てた遥かなご先祖様か、はたまたカミが具象化した何かか、こんなに私ごとき者をお導き下さる以上、その方のお名前をどうしても知っておきたかったからです。ところがです。これまでただの一度もお名前を聞かせていただけておりません。

観世音菩薩だとか不動尊だとかおっしゃって下されば「やっぱりそういうカミ様だったんだ」と、すんなり納得するところですが、いつうかがっても無言です。

「そんなことはどうでもよい。それよりお前は人助けに専念することだ」

そうおっしゃっているようにさえ思えます。

自分で名乗らないくらいに偉い人なんだと、そう私は思うことにして以後お尋ねしておりません。

霊視というまことに不思議な死者たちからの通信も、死者の思いを表現して来るという基本的な働きのほかに「死者と同じ過ちをするな」という私たち人間の生きざまに対する戒めを送って来ている誰方かが、確かに別に存在しています。

ですから、死者の供養という人間としての大事な行為と、法則に反しない暮らしというその両方を学ばせようとしている佛がいらっしゃるのは確かなことなのです。

●精神病は供養で治る

霊視はこのように、皆さんゆかりの死者たちやご先祖の佛たちがこの私をお使いになって皆さんのお役に立たせるわけですが、私は日こそ別にするとはいえ、ご縁のできたたくさんのご家庭について霊視をします。

今日はA家の霊視だったけれども明日はB家の霊視というように、私に姿を見せて来る死者たちはその数もかなりなものになります。

ところがこれらの別々の家の数多い死者たちとの間に一度も混乱が起きたことはありません。みごとに交通整理がされています。

こんなことを整然と行う能力が私にあるわけがありません。能力もないくせにたくさんの人々のお役に立ちたいと念願している私を哀れに思し召してか、私の霊団の佛たちが交通整理をお手伝い下さっているのでしょう。私にはそれがよくわかります。

こうしたお力添えだけではありません。

さきほども申しましたように佛たちは無言のままですが、私に限りない導きを続けて下さっています。

どちらかと言えば、後になって私に悟らせるという間接的な方式が多いのですが、しかし、時として極めて直接的に言葉でしっかりと教えを下さることがあるのです。

それも霊視のような映像中心のものではなく必ず音声、つまり声で言葉を伝えて来るのです。

もし映像で姿や景色を見せたのでは、その日に霊視と約束されている家の死者に関するものと一緒になって混乱するというご判断なのでしょうか、とにかく言葉だけの表現なのです。

これは実をいうと昨日今日のことではなく、私がまだ俗人として愚かな毎日を送っていた頃からのことなのですが、以前の私にそれが貴重な教えなのだと気がつくはずはありませんでした。

短い言葉なのですが、いくら鈍い私でもハッとするような内容がその言葉には含まれていて、いつも必ず大きな反省をすることになります。

宗教家はもちろんのこと心霊治療家とか霊能者とかいわれている人を含めて、過去も現在も、精神病と取り組んでいる人は一人もいないそうですが、私も、もしこのカミか背後霊団からの声によるメッセージがなかったならば、これほど精神病に没頭することは絶対になかったと思います。

それまでにも何度か教えをいただいていたので、そのお声にもすぐそれと気づくようにはなっておりましたが、そう、かれこれもう五年も前になりましょうか、山奥深くお籠りをした時にいただいたあのお言葉はいまだにはっきりと耳に残っています。

「精神病は供養で治る」

たった一言でした。

その時はすんなり「そういうものか」といった程度に受け止めていたのですが、さあそれから不思議なことに、私の寺へのご相談の中での精神神経系のパーセンテージがぐんぐん上昇して、まるで精神病が専門のようになって来ました。

そうなると私も勉強しないわけにまいりませんし、また教材には十分に恵まれるということで、昨日よりは今日という具合に少しずつ精神病のことがわかって来ます。

本当に今日まで実にいろいろなことを体験的にわからせていただきました。

素直にということがこんなにも大事かと思うのですが、本当に素直に一心に供養をなさったお宅では、まるで奇跡のように治って行くのです。

決して奇跡でも何でもないのですが、状況の変化はまさに奇跡と表現したいほどのものです。

確かに「精神病は供養で治る」のです。

しかし、「供養」こそということの結論・結果に至るまでには、この私にいくつもの段階がありました。

これも今思えば、愚かな私でもちゃんと理解してついて行けるようにというご配慮なのでしょう、みごとな教育カリキュラムが敷かれていました。

初めはわかりやすいだけの「不思議」で、それに慣れて愚かな方向へ進み始めると直ちに次の段階に移るという具合に、一段また一段とレベルアップさせていただけるのです。

一段上がって昨日までの自分を振り返ってみると、顔が赤くなるほどくだらないことをしているではありませんか。

すべてが大反省となります。するとその大反省のおかげで不思議に次のステップが見えて来ます。

こんなことが人間の私に自力でできるわけがありません。

こうして右往左往しながらも一段一段と導かれながら今ようやく「カミの法則に則《のっと》った生き方」を私なりに摑めたような気がしていますが、さて、それも明日にはまた蟬の脱皮よろしく過去の貴重な体験の中にまとめてしまうかもしれません。

二、一段一段導かれて

●一生を捧げ切る

私が兄の他界を契機として僧侶になってから、早いものでもう十六年になります。

家が寺でしたので私が僧侶になったのもそんなに不思議なこととは見えないかもしれませんが、しかし、それ以前の私は信仰にも全く無知でしたし、日常の暮らしにも追われていましたので、現在のような毎日を送ることになるなど全く予想もできませんでした。

そんな私ですから今日までにいたる体験のすべてはまさに驚きの連続でしたが、それでも遅々とした歩みながら少しずつ大事なものを摑ませていただけたような気がします。

そして今は何と申しましょうか、少しでも人々のお役に立つことをしようとただ夢中で供養を説いている毎日です。

どうも私はこのことをするためにこの世に生まれて来たようでもあり、また、私をこうさせるために兄が亡くなってしまったように思えることさえあります。

それにしても、不安定な状況にある死者の存在とその過激なばかりの作用を私がはっきりと知るまでには、相当な年月と、遠回りな道程をいやというほど費やしています。

思い返すだけでも情けなくなるほどです。

人間の知恵がどれほど非力で醜いものであるかを体験的に知り尽くしますと、その瞬間からカミの大きな慈悲に包まれる幸せというものを知ることができます。

そのことについて少々お話申し上げたいと思います。

誰でも自分の考えの愚かさと不十分さを何度も何度も知らされているはずなのですが、残念なことにしかるべき時期が来ないと、この貴重な体験の価値がわからずうっかり素通りさせてしまうのです。

私自身、自分中心の生活に明け暮れている頃は、惨敗というみじめでつらい体験の奥にあるカミの慈愛に満ちた目というものに全く気がついていなかったことが、今になってよくわかります。

私の祖父・父そして兄たちが佛道に精進した毎日を今思い出してみますと、それはそれは厳しい難行苦行でした。自分の身を痛めつけてでも人々の苦しみを救おうとした姿はみごとというべきものでした。

しかし、それなのに私の兄二人が幼くして亡くなり、姉も一人、そして更に父の跡を継いだ兄までも四十六才で他界しています。

暮らしぶりにしても楽であったという記憶は私の中に一つとしてありません。

貧乏物語をここでくりひろげる気はありませんが、一口で言うならば我が家はこの世でいうところの不幸ばかりでした。

神佛に祈ったり拝んだりすることで人々が救われるならば、普通の家の数十倍いや数百倍も祈り拝んで来た我が家にどうしてこんな不幸や貧乏がやって来るのだろうと、自分の仕事が暗礁に乗り上げる度に、こんな理屈に合わないことがあるものかとつくづく思ったものです。

神佛をとことん否定してみたり、また、いくつもの奇跡に出会ったりして大きく揺れ動きながら、私はいつかカミの姿というものを視覚の中に求めようとしていました。

カミと一体になることだ、そうすればカミを見ることもできるのではないかと以前にも増して一心に祈るようになりました。

寒い夜半に滝に打たれながら、私はいつも不動明王や観世音菩薩など、佛像でイメージできるお姿を一心に求めていました。

こんなような時には、竜神の姿をした不思議な雲の現象を見せられたり、次々と超常現象を体験したものです。

今思えばそうした現象にばかりとらわれてそれを追い求めていた愚かな思い上がった自分だったのです。

が、嬉しいことに或る時期を境に、そうした不思議な現象というのはむしろあって当たり前なのだから驚いてその現象にばかりとらわれてはいけない、もっと奥の正しいものに気がつかなくてはと思うようになりました。

滝行のような肉体行をしても、それほどの立派な修行をしているのだという自己満足に陥ってはいないだろうか、またそれで自分は一体何を求めようとしているのだと、いつも自分を疑っていました。

肉体とともにあるもう一つの自分、すなわち魂を見失うことのないようにとする何かの力がいつも働いていたように思えます。

一つの体験が終わればそのまた一つ段階を上がったような体験が必ずありました。一歩一歩と導かれるように道を辿って、やがて霊的真理と出会うまですべてが人間の知恵では測ることのできないことばかりでした。

今振り返って見て、このみごとなばかりの計画性と確実さはカミ以外になし得ることではないと思っています。

私はよく夜空に向かって話をします。

祖父よ、父よ、兄よ、いろいろな遍歴や遠回りはしましたが、あなた方の精進の積み重ねの上に今ようやく霊というものの真理をわからせていただきその道を歩み始めました。そして更に私は、あなた方が果たし得なかった分まできっと人々にこの正しい道を説き、魂で生きることの大切さを伝えて行きますと約束をしています。

約束をしながら私は、私がこれからの一生をこのことに捧げ切るのも、すべてカミのご計画の中にあるということがわかり過ぎるほどよくわかるのです。

●その段階なりの力を

僧になる以前の私はこれが寺の子かと思われるほど神佛について無知そのものでした。幼稚というか愚かというか自分でも思い出して笑ってしまうことばかりしていました。

とにかくカミはお願いしさえすれば何でもして下さると思っていました。

なにしろお金が欲しくてたまらないものですから宝くじも度々買いまして、それを生家のお不動様の前に置いてどうぞ当たりますように当てて下さいますようにとお祈りをしてから働きに出たものです。

当たらなかったのは言うまでもありませんが、それだからといって祈りに効き目がなかったとも何とも、とにかく深く考えることの何もない暮らしをしていました。

そんな私が急に僧となって人さまのために祈り拝むご縁をいただくのですから不思議なことです。

本山で僧としての伝授をいただき昔から伝わる厳かな祈禱作法をはじめいろいろな作法や行法を学びましたが、それらのものは大昔の人間が作って定めたものですから、どんなに精神を集中してやってみたところで、カミにはもちろん死者の霊にも絶対に通じやしないと思えて、そんな不届きなことを考える自分の始末に困ったのを覚えています。

いずれにしてもお坊さんとして必要な作法や形はいろいろ盛り沢山に教えてもらえるのですが、霊的なこと、それも一番基本の死者の魂が死後どうなるかといったような入り口のことさえ一切触れてくれません。

偉い御佛はちゃんと存在するからしっかり勤めなければならない、人間は死んだらお経を聞いてそれですぐホトケになって行くというようなお話ばかりです。

これでは、たとえどんなお粗末な体験であってもいいから、自分で何かを会得して行かなくてはなるまいと痛感したものです。

それなのに今、日本国中、勉強して覚える形式的な作法・行法のみが、それだけで一人歩きしています。

拝む人も拝んでもらう人も、少しも疑問を感じないで、ただ夢中で形だけのことをしています。実に奇妙な光景と言わなくてはなりません。

それはさておき、私も習得した作法・行法には、多分私ごとき者には簡単にわからない何かすごい力があるのだろうと信じて、その上にもう一つ自分なりの想念を乗せて、とにかく少しでもひと様のためになろうと努力しました。

が、霊的な世界との接近は、私の心の中から「何かを願う」というものを捨て去った瞬間に初めて一挙に可能となったのです。

決して私が自分の力で取得したものではありません。

不思議なことに何かの力が私を使い始めたのを感じました。

それこそ一段一段と目には見ることのできない世界へ連れて行かれるのが自分でもよくわかりました。何をしてもそれがカミの掌の上の世界であると実感できるようになったといってもいいと思います。

私のさまざまな試行錯誤に合わせて下さるように「今はそう思っているがいい」と、その段階なりの力を与えて下さり、それなりの働きをさせて下さるのです。

が、そうこうしているうちに必ず矛盾や壁に突き当たります。

すると、もう一段階段を上るように急に目の前が開けて前へ進めるようになるのです。

霊的なものが私に作用し始めたのは、今思いますとかなり以前の頃だったのですが、その頃は確かに第一歩・第一課程といった感じの現象中心のものばかりでした。

つまり常識では考えられない不思議なことができて、人も自分もびっくりするという段階のことです。

それは目に見えない世界の実在を信じるには絶好の教材でした。

現在のように天地大自然の教えを下さるものとは随分隔たりがあるように思えますが、しかし、このように一段ずつの段階を作っていただいて初めて愚かな私がついて来れたのです。私という人間の能力までお見通しのカミだからこそできる大きなご配慮でなくて何でしょう。

三、見えるということの意義

●悩んでそして疑って

不思議なことの連続にびっくりしていた頃の私の霊感というか霊能力というものは、実にわかりやすくて、しかも端的なものでした。

電話で相談して来られた人が今どんな様子で電話をかけているのかなどはっきりとよく見えました。五百キロも離れた遠方でも情景が即座に見えたものです。

「あなたの家ではこれこれの場所にカミ様のお許しも得ずに小屋を建てたでしょう」などと、今思えばそんなことで怒るカミ様なんているはずもないのに、私にはそう見えてしまうので「きっとカミ様が怒っていらっしゃる」と答えたりしたこともあります。

また、行方不明者について「今どのあたりを歩いている」とか、「この人は吊り橋を渡って向こう側にある道まで出たがその近くの砂地で死んでしまっている」というように何でも即座に答えて、しかもすべてが事実と合致していたというようなことばかりでした。

今テレビなどで紹介される霊能者の人たちは、ほとんどがこの種のことをしてみせて人々をびっくりさせています。

が、はっきり申しまして、見えてびっくりしてもらって、そしてどうするつもりなのだろうと思います。

なぜならば、そうした見えるという特別な力がもしカミによるものであったなら、いつまでもその段階にとどまって得意になっているようなことをカミはお許しにならないはずだからです。

何でもよく見えたあの頃の私でさえ、自分のその霊能力にすぐに疑問を持ち始めたのですから、頭のいい本当の霊能力者なら私などよりもっと早く次のステップに進んでいいはずです。

あの頃の私の疑問というのはこういうことです。

確かに当たっているとびっくりして感動していただいても、それだからといってその家が特に栄えるということでもなし、悪いことが消えるということもありません。

一時的にいい変化が見られることがあっても、やっぱり病気が絶えないとか、しばらく後に子供が事故に遭ったとかいうことが聞こえて来てしまいます。

私は疑問に思うどころか大いに悩みました。

ひと様に見えないものが自分には見えるというこんなに素晴らしい力なのに、少しもひと様のお役に立っていないではないか。見えてそれが何になるんだ。そう思いました。

病気が全快するという嬉しい結果をいただいたこともありますが、それだって限られた人しか救えていないのです。私と御縁のできたすべての人がどうして助けられないのだろう。それならば見えたりする霊感は一体何のためにあるのだろう。

人々をびっくりさせて得意になるだけの低級なものでないのならば、それならばカミは何を目的に不思議な力をこの私に与えて下さったのだろうと、私は真剣に悩みました。

ちょうどそんな頃でした。

とても親しくしていて何かとお世話になっていた人が、家庭内の問題で苦しんだ末に自殺するという事件が起きました。

夜中の一時頃の電話で、農薬を飲んでたった今病院へ担ぎ込まれたという知らせです。

私はすぐに庭に設けてある滝行の場へ行って水に打たれました。

どうか命をとりとめていただきたいとカミに一心に祈りました。

今思い出しても苦しくつらい滝行でした。

一時快方に向かう様子もありましたが、とうとう明け方に絶命してしまったのです。

私のショックは計り知れないほど大きなものでした。

あれだけ祈ったのにカミは何の助けもして下さらなかったのです。

人一人の生命を助けることができなかった自分は何だ、霊能力が何だ、祈りが何だ。

この日限り私は一切の霊能者としての行為をやめてしまおうと思いました。そんな私を周囲の皆さんが必死に制止なさいましたが、実際のところ私は心の中にはっきりと区切りをつけて、さっぱりとすべてをやめてしまう気持ちになっていました。

が、突然に私の頭の中を、一つの言葉というか考えというかそんなものが走って行ったのです。


自分で自分の生命を絶つなんて、そんなことを人間がしていいものなのだろうか。それは人間としての法則というものから大きく逸脱している行為ではないかということです。

私たち人間は、誰にお願いしたわけでもないのにちゃんと人間としてこの世に生まれさせてもらっている。自分で生まれて来たわけではない。それなのに勝手に自分で苦労を避けて自分で自分の生を否定してしまうなんて絶対に間違いだ。大自然の法則・カミの法則に対する違反行為だ。

だからなのだ。一心にカミに祈ったのにもかかわらずカミがお聞き入れにならなかったのはそのためなのだ。

カミはこうして厳しい体験を通じて、また一つ大事な法則を教えて下さいました。

冷たい滝に無理をして入って痛めつけている私の肉体も、私が勝手にできる私のものではないことがよくわかりました。事実、もうすでに限界に近づいていたのか肉体も壊れかけていました。

こんなことから私も肉体へのとらわれから徐々に離れることができて来ましたが、そのための体験とは言え、いつもながらどの体験もその場にある時はつらく苦しいものばかりでした。

●御佛《カミ》が見守っている魂の向上

そんな頃にまた一段と次の段階への体験がやって来ました。

或る日突然に死者の霊に憑依されてしまった娘さんが飛び込んで来たのです。

私に今のように精神病と取り組むようにさせるための試金石ともいうべき貴重な体験でした。

死者の魂が死後も生存していることは、霊視に姿を見せて来る死者たちによってすでに十分確信できていた私ですが、人間に憑依してその人間の肉体を使って自己表現する実際の場面に直面したのはこの時が最初でした。

びっくりしながらも必死で夕方の五時頃から夜中までに合計九人の死者たちと会話して取り組みました。

「あなたはすでに死んでいてこの世にはいないのですよ」と話しかけ、そのことに自分で気がつかない限りいつまでも苦しまなければならないと説いて、やっと娘さんの肉体から出て行っていただいて終わりましたが、この時の体験が以後の供養の方法へと発展しましたし、結局は精神病解決の手掛かりにもなって行きました。

今の私を準備するために、カミがわざわざ教科書のようにその娘さんを連れて来たとしか考えられません。

「見える」というだけのところに止めて置かれずに、更に先へ進めていただけたことを本当に嬉しく思いました。

それだけに、自分以外の人を思いやる心を数倍にも高度に保たなければならないと、常に自分を律する気持ちが一段と強まったのも確かです。

その後随分時がたってからですが、ひさしぶりに行方不明者を探したいというご相談がありました。ひさしぶりにと申しますのは、このように何かを「見る」というだけのことをして、どこそこに無事でいるとかどんな風に死んでいるとか、そんな形で霊感を受けることはもう卒業したつもりでいたからです。

ですから、さあどうしたものかと困りました。

すると突然にいつもの霊視の形でこの依頼者のお宅に関わる死者たちが見えたのです。行方不明者が見えたわけではありません。むしろそんな目先の捜索よりも行方不明者が出て困っているこの家にとってもっと大事な核心部分を見せて来て下さったのです。

この家には同じように行方不明になった若い男性と、突然に亡くなったまま無縁佛になってしまっているやはり若い男性がいることが霊視で明らかになりました。

したがっていつも私の寺でやっておりますように、この二人の若者の供養をいたしました。

二人はやっと安らかな魂となって、帰るべき所へと成佛して行くのが私にはよくわかりました。こんな時が私の一番嬉しい時です。

数日後、ほかのどこかの霊能者が、ご相談の直接のテーマであった行方不明者は、今どこかで死体となって横たわっていると透視したそうです。

こうした霊能力も必要ですし、そのための霊能者もあっていいと思いますが、所詮はそれだけのものでしかありません。

こんな行方不明のようなことを次々と引き起こす霊的な因縁を根底から解決しなければ本当にこの家を救うことになりません。

目先の解決ばかりを追っていた昔の私と重ね合わせて、今度の霊視がその家にとって根本的な救いへの出発点になれたことが私には何よりも嬉しいことでした。霊視の内容までこのように成長させて下さったカミに心から感謝した次第です。

悩みごと、苦しいことから逃れることを目的にしていたのでは、どんな霊的な手段も真の解決の道にはならないということを言いたくて私の話を続けています。

カミは必ずあなたの魂の一段一段の上昇を見守っておいでです。

精神病が病気ではなくて、魂の世界に属する現象である以上、あなたが今のつらい体験によって何を悟るかで、それこそびっくりするような結果を見せていただけるのです。

四、大事なものの取り違え

●生きている今何をするのか

もうよくご理解いただけましたように私の霊視の中には、自分の死をさっぱり自覚できないまま中途半端な場所にとどまって、自分ではどうにも解決できない後悔と反省のために苦しんでいるさまざまな人たちが出て来ます。

どんな人が死後にこんなことになってしまうのか。

生前に悪いことをした人が成佛しないで、いいことをした人は必ず成佛するのでしょうか。どうもそんなことでは無いようなのです。

この世の人間社会の法律上の善悪とか、地位・財産で評価される能力とか、そんな尺度とは全く別のものであることだけは確かです。

ひとことで言うならば、人間として素直に先祖や親兄弟に感謝して生きたか、体裁よりも愛を重んじて生きたかということが分かれ道なのです。

前にも書きましたように、生前立派な地位にあった人、たとえば学校の校長で地域の教育振興に著しい功績のあった人とか、大会社の創立者とか、勲何等をいただいた人とか、この世の常識で考えると死後直ちに霊界の高い所へ上がって行きそうな人が、とんでもないことに霊視の中で情けないような次元の訴えをして来ます。

「え？　こんな偉い人が成佛していなかったのだろうか」とびっくりしてしまうことが実に多いのです。

教育や産業といったような世の中のためになることをしているという自負ばかりが先行して、もっと身近な当たり前のことがお留守になっていた代表的な例です。一見偉い人のようでも、そんなことさえおろそかにしていたのかと呆れてしまうほどに親不孝だったりしているのです。そして死んだ後にみじめな死者となって苦しみ、息子や娘に頼ってきます。息子や娘が気がつかなければ孫の身体を使ってでも自分に気づかせようとします。

偉い人とされていたお祖父さんが孫の精神病の原因になっているわけです。

人間生きていた時にどんな心でどう生きたか、本当の人生の総決算は地位や財産・名声といったものとは全く無関係のものだということがよくわかります。

今、いわゆる「偉い人」のことを申しましたが、同じ意味で私がもっと驚いていることは、霊視の中に「僧」がよく姿を見せて来るということです。

普通のサラリーマン家庭で、ご子息の精神病のことから私が霊視をしてみますと、意外にもお坊さんが出て来ます。

寺の情景やお経を一心に上げている姿などから見て、その死者は明らかに僧侶なのですが、死者として思い悩んでいることというのは決して僧侶という立場らしい佛道上のことなどではありません。ごく普通の人間らしい問題で悔やんでいます。そして今悔やんでも何にも解決して行かないので困り果てています。

お坊さんというと普通の俗人とは違って、朝に夕に読経をしていつも佛とともにある暮らしをしている特別な人間と誰もが思っています。だから僧侶は確実に成佛していると考えがちです。

ところがさきほどの校長先生や勲何等の人のように、死んでしまったあとは誰でも一人の人間としての魂の決算をしなければならないのです。

僧侶になって毎日佛像に向かって読経をし、厳粛な作法に基づいて諸行事を施行し、宗派によっては護摩を焚いて祈り、人々に佛法を説くという暮らしをして、そして死んで行ったのに、そんな暮らしをしただけのことでは決して成佛しないのです。

霊視に出て来たのをご縁にその家の方々に調べていただくと、僧侶だった人の生前の暮らしぶりが少しずつ浮き彫りにされて来ますが、まずほとんどが生家を全く顧みていない生活です。

出家という言葉に惑わされ、大抵が生家と縁を切ったように知らん顔しています。

出家とは家を捨てることではなくて、家にまつわる物欲から我が身を引き、肉体的欲望ばかりの俗生活から離れて、魂を見つめる暮らしに入るということだと私は思います。

自分という人間をこの世に生んで育ててくれた父や母の恩、更には先祖の大きな慈愛への感謝までそっくり捨ててしまっていいわけがありません。生家の困窮ぶりとか父母の病いとか、たとえばそんな類いの気になることを耳にしながら、自分は僧侶だからという特別な気分で何もしてやれなかったことを、死んだ後になって後悔したりしているのです。

何もしなかったわけではなく自分は一心に佛に祈ったと生前なら反論して来るかもしれません。

が、そんな祈りよりも生家に対しての優しい思いやりの言葉一つの方がどれほど大切だったかわかりません。死者となった僧侶たちが今こんな後悔をしています。

実はもっと困ったことがあります。

現在お寺の住職をしている人が、自分の息子や娘の精神病に困っている場合です。

こうした例の数は皆さんの想像をはるかに超えています。

立派なお寺の住職の家庭にも、普通の家庭と少しも変わらずに有縁の死者たちからのアッピールが厳しく届くのです。

ところがさっきの僧侶の死者の例と全く同じで、ほとんどのお坊さんは「自分は毎日のように葬式や法事で死者のために佛像を見上げ一心にお経を読んでいる、これだけのことをしている自分の先祖に不成佛霊があるはずがない」と、過信というか無知というか自分を高い所に置いてしまって少しも疑問を持ちません。いや、反省のかけらもありません。

そして可哀想に息子さんや娘さんは、病院の薬一筋という毎日を送らされてグッタリしたままになっています。

それでいて自分を住職にしてくれた師とか経済的な支援をしてくれた人にばかり感謝の心を捧げています。

早い話が、職を与えてくれたり協力してくれたりする物質的な恩にだけ反応して、日々を僧侶という形だけ整えて暮らしているということです。

こんな住職の妻が、肝心なこの間違いに気づいて、夫に代わって住職の先祖や親の供養を住職に内緒で始めることもよくあるのですが、気の毒なことにやはり代理というだけのことでしかありません。また、この家の妻としての半分のことしかできません。

もっと端的に申すならば、息子や娘の精神病が消えて行かないのです。

もちろんこんな住職ばかりというわけではありません。

名刹といわれるお寺の高僧でも、他宗派に属する私の話を実に素直に聞いて下さり、直ちに私の供養に従って下さる人もあります。

高僧だからという見栄もこだわりも無いその姿勢には、もしこれが反対の立場だったら私にできるだろうかと思えて、学ぶことの多い体験となっています。

五、御佛《カミ》の法則を知る

●魂は永遠に生きている

いかがでしょう。少しも難しいことを言っているわけではありません。

人間として当たり前のことを当たり前にするというだけのことなのです。

それなのに人間は、肉体的・物質的な利便や損得ばかりを考え、怠けたいことは徹底的に怠け、見栄と体裁のためには無理で強引なことも平気でやる……

全部が全部、天地の運行に棹《さお》さしています。

自然の周期に逆行しています。

カミの摂理・法則に違反しています。

違反すればすぐにその間違いを現象によって知らされることになります。知らせて下さるのはカミであり、守護し指導して下さる先祖の霊であり、また、過去に同じ間違いをして今になって後悔している有縁の死者たちです。

だからどんなにつらい現象であっても、それによって大事なことを学ぶことです。生きることは修行なのですから、逃げないで修行することです。それをカミは待っておいでです。

物が豊富になり過ぎて、物がすべての価値に優先して心がどこかへ追いやられてしまった日本に、カミはきっと気を揉んでいらっしゃることでしょう。

開発途上国や戦乱の国の人々を見て下さい。

恵まれないどん底の生活でも彼等は一生懸命生きようとしています。彼等はこの世というものは苦労があって当然と思っていますから、想像を絶する苦しさの中でもいろいろに堪え忍んで必死に生き続けています。日本人のようにすぐに絶望して、早く楽になろうと簡単に自殺などしません。

自殺したのにさっぱり楽になれないので自分の死が悟れず、いつまでも地上をさ迷う魂になってしまうとはなんとも情けないことではありませんか。

人間の肉体は物質ですから故障もします。事故にも遭います。そして次第に老朽化して行ってやがて必ず死にます。

このことを直視していれば、今生きていることへの素直な感謝も自然にできるはずなのに、死について考えることを避けて生きている人ばかり目につきます。

もっと幸せに、もっと裕福に、病気にはなりませんように、病気になったらすぐに治りますようにと、肉体上のことばかりをカミに祈っていますが、どう祈ろうが肉体が終わる時には間違いなく終わるという絶対的真理を見つめなくてはなりません。

いや、本当に死というものを極度に恐れて、とにかく可能な限りいつまでも長生きしたいと懸命にあちらこちらの神社佛閣を回って歩いている人が想像以上にたくさんいるのです。

生と死とは、自分の魂が肉体を持っているか持っていないかの違いだけです。

もういい加減に長生きを願っての信心というそんな醜いだけの行為はやめてほしいものです。

生まれることがこの世への誕生なら、死はあの世への誕生です。

死は肉体だけの終焉《えん》であって、死によって一切が無になることはありません。

ですから「永遠の生命」と言うのです。

もし死によって一切が無になってしまうなら、私の霊視に生前の姿を見せて来る人たちは一体何なのでしょう。死者が生きているこれ以上の証拠は無いと思います。

このように死者は確実に、魂・意識体となって生きています。

そしてまた、いつ今の肉体が終るのかもカミだけがご存じです。

天地大自然の法則の中のごく自然な成り行きとして、肉体の働きを終了すればあの世へと還って行きます。

夫婦だから必ず子供が授かるというものでもありませんし、どんな健康体でも突如として不測の死を迎えることもあります。生の場から、死の向こうにある場への移動はすべてカミの法則であり教えでもあるのです。

●供養で学ぶ

私の過去はほとんどの方々と全く同様に肉体中心で物質優先の生活でした。経済活動で忙しい日々を送ることだけが正しいことと信じていました。

ところがそんな暮らしに大失敗して自殺未遂までするにいたりました。

今思えば、そこまで落ちたからこそここまでのすべてを否定できたのかもしれません。

とにかくその日を境にしてなんだか目が開けたように身辺が変化し始めたのです。

愚かな私に何かの力があるわけがありません。それなのに自分でも不思議にびっくりするほどいろいろなことができるのです。

私にはわかりました。カミがこの私を使って何かをなさろうとしているのだと本当に疑いなく思えました。

霊視という不思議なことを私にさせて下さることになったのもそれです。

しかもこんな不思議なことを、ただ不思議だと騒いで得意になって終わらせたりしないで、私にしっかりと供養という形へ進めるよう導いて下さいました。

このことを私は本当に嬉しく思っています。カミに感謝しています。

よく見かける霊能者や宗教家のように「不思議」だけを人々の前に展示するだけで、死者一人成佛していただくことができないのでは、それでは単なるショーマンと同じことです。

それはそれとして、霊視を入り口にして死者を思いやることの大切さを知り、それの具現化した形としての「供養」へと進めたのはまさにカミのご意思のままです。

私は霊視の中にさまざまな死者の姿を見ます。哀れなまでに子孫に訴えて来るその姿、そして供養によってそれこそ呪縛から解き放たれたように成佛して行く嬉しそうな姿、毎日毎晩そうした死者たちの表情に接していますと、この世の人間にできるいろいろな「いいこと、いい行為」というものの中で、死者を思いやること、供養をすることが最高最大なのだと確信しました。

が、カミの教えは更にもう一段進んだところにあったのです。

私を道具に使ってカミがなさろうとしていることがどうやら少しずつこの私にも理解できて来ました。

供養を一人一人の死者についてして行きますと、死者が何を悔やみ何を反省しているかが痛いほどよくわかります。人間としてどう生きると間違いなのかを死者たちを通じて反面教師のように知ることになります。生きる上で何をどうしたら誤りであるかをはっきり学ぶことができます。

これなのです。カミの目的は。

霊視も供養も、ただ単に死者の成佛の援護みたいに見えますが本当はそんなことだけではなく、人間としてどう生きるのが正しいカミの法則に則ったものかを学べという教えだったのです。

人間は何でもできる気になっていますが、自分の髪の毛一本白くも黒くもできません。人間も、自分もちっぽけなものです。ですから、天地大自然のもとではその法則からはずれた生き方を絶対にしないことです。

人間は愚かな生き物ですから愚かなことはいくらしてもいいでしょう。そのことの中でいろいろ体験しながらゆっくりペースで学んで行けばいいのです。ただ、死者をはじめ、地上のありとあらゆるものへの愛を決して忘れないことです。自分中心に勝手な振るまいを絶対にしないことです。

供養を続け供養を重ねるうちに、誰でもこうした最も正しいカミの法則に合致した生き方というものを体験的に学ぶことになります。

いつのまにか学んでしまいます。ですから私は供養供養と申しております。

カミはその入り口に今あなたを立たせようとしています。今の苦しみに意味が無いはずがありません。

苦しんでそして学んで、やがてカミと同調した暮らしにわが身を置くことになれば、きっとあなたもはっきり悟ることでしょう。

この世の生活など当たり前のように平安なものであることを……そして、精神病が消えて行くことなど不思議でも何でもないということを……

『終』

萩原玄明（はぎわら げんみょう）

昭和10年11月8日、東京都八王子市の菅谷不動尊教会の次男として誕生。現在は八王子市の宗教法人・長江寺住職。供養による死者の完全なる成仏と、世の人々の正しい生き方を説いて全国的な活動を展開。

主な著書に『精神病は病気ではない』『精神病が消えていく』『死者からの教え』『あなたは死を自覚できない』『これが霊視、予知、メッセージだ』『心を盗まれた子供たち』（以上ハート出版）などがある。

平成23年、逝去。生前の活動は、長江寺の後継によって現在も受け継がれている。

長江寺では、本書の内容について家族向けの説明会を不定期に開催している。

長江寺所在地・東京都八王子市加住町２丁目２４８番地３
電　話・０４２６－９１－３８０１
ＦＡＸ・０４２６－９１－６０１０

精神病が消えていく《新装版》

平成 5 年 9 月25日　初　版・第 1 刷発行
平成14年10月26日　新装版・第 1 刷発行
令和 3 年11月 6 日　新装版・第11刷発行

著　者　萩原玄明
発行者　日高裕明

発行　ハート出版

〒171-0014
東京都豊島区池袋３－９－23
TEL03-3590-6077　FAX03-3590-6078
ハート出版ホームページアドレス http://www.810.co.jp

ISBN978-4-89295-485-6
印刷・中央精版印刷株式会社
装幀　サンク

ISBN4-89295-049-1